星云大师演讲集 08

佛教与青年

星云大师 著

生活·讀書·新知三联书店

Copyright © 2015 by SDX Joint Publishing Company
All Rights Reserved.
本作品版权由生活·读书·新知三联书店所有。
未经许可,不得翻印。
本书由上海大觉文化传播有限公司独家授权出版中文简体字版。

图书在版编目(CIP)数据

佛教与青年/星云大师著.—北京:生活·读书·新知三联书店,2015.4
(星云大师演讲集)
ISBN 978-7-108-05247-6

Ⅰ.①佛⋯ Ⅱ.①星⋯ Ⅲ.①佛教－通俗读物 Ⅳ.①B94-49

中国版本图书馆 CIP 数据核字(2015)第 017169 号

责任编辑 麻俊生
封面设计 储 平
责任印制 卢 岳 张雅丽
出版发行 生活·讀書·新知 三联书店
 (北京市东城区美术馆东街 22 号)
邮 编 100010
印 刷 北京市松源印刷有限公司
版 次 2015 年 4 月北京第 1 版
 2015 年 4 月北京第 1 次印刷
开 本 880 毫米×1230 毫米 1/32 印张 7.625
字 数 164 千字
印 数 0,001—8,000 册
定 价 28.00 元

总序　人间佛教正法久住

我们生活在人间，人间有男女老少，人间有五欲六尘，人间有生老病死，人间有悲欢离合。在缺憾的世间，我们如何获得欢喜自在？如何发挥生命的价值？如何拥有安乐的生活？这是我们所要探讨的课题。

佛陀降诞人间，示教利喜，为人间开启了光明与希望；佛陀依五乘佛法，建立了"五戒十善""中道缘起""因缘果报""四无量心""六度四摄"等人间佛教的基本思想。

为了适应时代的发展，我们创办文化、教育、慈善等事业，提出"传统与现代融和""僧众与信众共有""修持与慧解并重""佛教与艺文合一"等弘法方向。多年来，以"佛法为体、世学为用"作为宗旨，人间佛教渐渐蔚然有成，欣见大家高举人间佛教的旗帜，纷纷走出山林，投入社会公益活动，实践佛教慈悲利他的本怀。

2004年，我曾在香港和台北作例行的年度"佛学讲座"，三天的讲题分别为"佛教的生命学""佛教的生死学""佛教的生活学"。我言：生命为"体"，作为本体的生命，是不增不减、永恒存在、绝对、无限、正常的；生死为"相"，每个生命所显露的现象，是有生有灭、变化无常、相对、有限、非常的；生活是"用"，生命从生到死，其中的食衣住行、言行举止、身心活动等等，无一不是生命的作用。因此，体、相、用，三者密不可分。我们既来到世间生活，就有生命，有生命就有生死，三者是一体的，其关系极为密切。因此，整个人间佛教可以说就是"生命学""生死学""生活学"。

之后，我在世界各地演讲《人间佛教的戒、定、慧三学》。所谓戒定慧，有谓由戒生定，由定发慧，由慧趣入解脱，是学佛的次第；在人间生活，更需要断除烦恼才能获得究竟的妙智，才能自在悠游于人间！

1949年，我从中国大陆来到台湾之后，为了适应广大民众的需求，毅然采取面对面的讲说弘法。从宜兰乡村的弘法，到城市各处的聚会；从监狱的开示，到工厂的布教。1975年，在台北艺术馆举行佛学讲座，首开在"国家会堂"演讲佛学之风。接下来，我弘法的脚步，由北至南，由西至东，从学校到部队，从岛内到岛外。近二十年来，随着弘法的国际化，我更是终年在世界各地云水行脚，奔波结缘。

演讲的对象，有一般男女老少的信众，也有大专青年、企业界精英、教师、警察等特定对象。讲说的内容更是包罗万象，经典方面有《六祖坛经》《金刚经》《维摩诘经》《法华经》等，也讲说佛教的义理、特质与现代生活的种种关系，以及佛教对社会、政治、伦理、经济、心理、民俗、命运、神通、知见、因缘、轮回、死亡、涅槃等各种问题的看法。

　　三十年前,佛光山的弟子们将我历年来演讲的内容,陆续结集成书,并定名为《星云大师演讲集》丛书,二十多年来不知再版了多少次!许多读者将此套书视为认识佛教、研究佛学必读之书,也有不少出家、在家弟子,以此演讲集作为讲经说法的教材。

　　这套演讲集已缺书好一段时间,不时有人频频询问、催促再版。我重新翻阅,觉得此套演讲集讲说时隔近三十年,抚今追昔,虽然佛法真理不变,人心善美依然;环境变迁有之,人事递嬗有之。因此,决定将此书全新改版,去除与现今社会略微差异之处,重新校正、修订、增删,并依内容性质,分类为《佛光与教团》《佛教与生活》《佛法与义理》《人生与社会》《禅学与净土》《宗教与体验》《人间与实践》《佛教与青年》等册,总字数百余万字。为保存、珍重历史,同时又为方便后人参考、查询,我将演讲的时间、地点记于每篇文章之后。

　　我出家已超过一甲子,毕生竭力于人间佛教的弘扬与实践,主要是希望全世界各族群能相互尊重,人我能相互包容,社会彼此和谐进步。这套演讲集是为我初期弘法历程,以及一以贯之的人间佛教思想理念的鲜明见证。

　　出版在即,为文略说弘法因缘,并以心香一瓣祝祷人间佛教正法久住,所有众生皆能身心自在,共生吉祥。

星云　于佛光山法堂

目 录

001	佛教青年成功立业之道(一)
010	佛教青年成功立业之道(二)
023	佛教青年成功立业之道(三)
037	佛教青年成功立业之道(四)
052	如何做一个出家人
080	青年僧伽的十无思想
111	青年僧伽的十有思想
156	青年之病
168	青年的力,菩萨的心
181	佛教青年的生涯规划
201	参加佛学夏令营的意义
215	工作与身心的和谐

佛教青年成功立业之道(一)

今日的佛教青年，应该从信愿中来增进道念，
来为佛教创造一番轰轰烈烈的事业。

身为佛教青年应该有无限的希望，无限的未来。以下分为几点来说明佛教青年未来的成功立业之道。

一、从奉献中获得快乐

我们希望未来的前途能够成功，首先要养成一种观念：从奉献中获得快乐。一般社会人士，是从贪婪欲望中去追求快乐，从个己自私中去占有快乐，从物质享受中去寻找快乐；佛教青年与社会上一般青年不同的是从奉献中去获得快乐。

以前在朝山会馆，有一位柜台小姐曾淑芳，她毕业于天主教所办的文藻外语学校。我问她："你受天主教学校的教育，现在接触了佛教，有什么感想？来到这里服务，对佛教有没有信念？"她说："我没有信奉天主教，来到这里之后，我很喜欢佛教。不过，我从天主教里得到一个启示，神父、修女们都很重视奉献，他们对人生充

满着乐观,而他们的乐观是从奉献中获得的。"由这段话,我们知道"奉献"的观念在各种宗教中的地位。想获得内心真正的平衡,一定要扫除自私自利的观念,净化自己的身心,变化自己的气质,庄严自己的思想,使我们从奉献中获得快乐。今日的佛教徒,讲究个己私利的人太多,为教奉献的人太少。因此,我们进入佛门,应该抱有"色身交给常住,性命付予众生"的观念,把自己奉献给佛教,奉献给一切众生。奉献不是没有所获,奉献以后,在无私、无我、无执的情况下,所能获得的将会更多。

佛光山的道风,非常注重"奉献",可以从我们所办的一切事业说起,如养老、育幼、大专夏令营、松鹤楼老人公寓、佛学讲座、仁爱之家、佛光诊所、僧伽福利基金……无不是抱着"但愿众生获得安乐,不为自己贪求利益"的精神来做的。同时,"奉献"更有助于佛法的推展,有助于心灵的升华。

青年守则说"助人为快乐之本",在佛教里,"奉献也是快乐之本";一个宗教徒若不懂得奉献,是无法了解宗教本怀的。孙中山先生曾说"佛教以牺牲为主义",牺牲就是奉献。如果我们想把握住佛教的基本精神,就要从奉献着手。

那么我们有什么东西可以奉献给别人?我们可以贡献智慧给大家、为大众服务;如果智慧、能力不够,怎么办呢?佛教有一修行法门——随喜赞叹,比如说看到别人成功了,能生起随喜之心,给人一句赞美的话,或是给人一个笑容,点一个头,布施给人快乐,这些都可以算是奉献。

所以,奉献不一定是物质上的给予,而是付出一片真诚的心。我们对于救度众生的事,要有"舍我其谁"的担当气魄,对待朋友、师长、父母，也要有一片至诚恳切的真心，对于所信仰的宗教，更是要有一片智慧的信心；所谓奉献，不外奉献我们一颗真诚清净的悲心，这是最宝贵的。希望佛教的青年们，都能养成不贪求个人私欲，发心为众的奉献精神。

二、从勤奋中打发时间

一天有24小时，一生也有六七十年的岁月。在这漫长的人生里，如何打发时间，是个很重要的课题。社会上一般人，用吃、喝、玩乐打发时间，打牌、赌博，或做无聊、没有意义的事，来消磨岁月。有为的青年，应该从勤劳奋发中去打发时间。

高雄有一位公司的董事长告诉我，他说："以我现有的财产，即使一天用10万元，活了100年，也用不完。我有很多钱，可是我还在工作，我是贪得无厌吗？不是的，我是以做事业来打发时间。"他的这段话，说明一个人唯有在工作里，生命才有办法安住，人也才活得有意义。没有工作是很无聊乏味的。他又说："我的钱虽然很多，但是自奉甚俭，我不抽烟，不喝酒，不去娱乐场所。下班回家，就是一杯清茶，看看报纸，如此而已，一天过去，第二天又带着饱满的精神开始工作。"由此可知，社会上一些成功的企业家，他们之所以能够成功，绝不是从安逸享受中得来，而是从不停地勤劳奋斗中获得的。

佛教也讲求奋斗，讲求进取。六波罗蜜中，有精进波罗蜜，是菩萨成佛的六种重要法门之一，在佛经里有关勉励精进的故事相当多。如我们的教主佛陀成道的经历，就是精进的最佳事例。据说弥勒菩萨比佛陀早学佛，但佛陀修行精进猛烈，直接从难行道起步,而弥勒由易行道下手,因此佛陀的精进力与勇猛心,超过弥勒的境界,终于先而成佛。佛陀的这个事例,实在是我们佛子的最佳典范。

佛光山丛林学院的学生,每个人都要轮流打扫、典座、出坡、劳动服务,这样的安排,具有特殊的积极意义,我们希望学生的生活,用工作来充实,从工作中去修道、去体会,发挥生命的力量与生命的价值。关于这一点,凡是对教育有认识的人,都称赞说:"这样的教育,才契合新生活教育。"不过,学院教育方针虽然如此,若不带着欢喜心去从事工作,不带着认真的态度去奋发图强,也是枉然的。俗话说:"各人吃饭各人饱,各人生死各人了。"我们必须从勤劳奋斗中去创造自己的光明,从勤劳奋发中去完成自己的理想。

如极乐世界是阿弥陀佛发愿庄严的;凄苦的地狱,是地藏菩萨教化的道场。我们也可以把一切工作,当作磨练自己身心的机会,让我们的生命活得最有意义,让我们的生命能有最充实的内容,虽然人一生的时间才几十年,但是我们可以利用短暂的生命,来完成具有无限价值的事业。

三、从忍辱中培养品德

人之所以异于禽兽,就是能注重人格道德,品格是道德的基础,一个人若对于品格、德行都不注重,那和禽兽又有何差别?培养我们品格道德的方法很多,比方说,我们可以奉持戒律,从戒律中培养我们的品格;我们可以实践佛教的修行法门如念佛、参禅,从念佛参禅中培养我们的道德。佛教讲慈悲喜舍,我们也可以从慈悲喜舍中培养我们的人格道德。而要培养我们的人格道德,最有力最有帮助的，还是"忍辱"。

据《菩萨戒经》所载，佛陀在过去修行的时候，曾经被500位"健骂丈夫"追逐恶骂，不论佛陀走到哪里，他们就跟着骂到哪里，而佛陀的态度是"未曾于彼起微恨心，常兴慈救而用观察"。因为这样忍辱、精进的修持，终于使佛陀证得无上菩提。可见忍辱不只是培养世人的品格，也是修学成佛的重要法门。

现在的青年，逞一时匹夫之勇，可以为一件小事而拔刀相向；为一句闲话，往往放在心里久久不能消除，学佛学到最后，还是像苏东坡一样，被"一屁打过江"。如果没有忍辱的功夫，无论修持、做事都不易达到理想。一句闲话，也要计较，一点小小折磨，就受不了，这种没有力量应付环境的佛教青年，是不能担当任务和创造事业的。

佛陀说："学道的人，如果不能忍受辱骂，对恶毒攻击不能如饮甘露，即不能算是学道的人。""忍"这个字的构造是心上一把刀，由此可看出忍耐的意义。一个人平时生活里，若不培养忍耐的力量，没有很好的修养，不要说一把刀插在心上受不了，就是一块刀片割破一点脚皮，也会受不了而哇哇叫了。

孟子说："天将降大任于斯人也，必先苦其心志，劳其筋骨，饿其体肤，空乏其身，行拂乱其所为。"如果我们要为未来的佛教、未来的众生担当重责的话，必须先学忍耐；忍耐的力量有多大，将来事业的成就便有多大。事实上，能忍的人，并不是懦夫，反之，忍是勇敢的、是有力量的。忍是一种牺牲，是一种定力，能培养这种定力和牺牲的精神，才能增长品德，未来的事业也才能成功。

我们看近代的太虚大师，他一生遭受别人不断的打击、诽谤与压制,甚至被讥斥为政治和尚,但是他从不与那些人计较,只是一心一意为复兴中国佛教而努力。如果太虚大师对每次外来的侮辱都计较,也不可能成就那么大的佛教事业;不只是太虚大师,大肚能容的慈航大师,与世无争的印顺大师,他们的一生也曾受到不少的侮辱与误解,但是他们都默默地承受下来。这些事例,都可以做我们佛教青年的榜样。

我们要把一切外来的横逆与侮辱,都当成学道中的增上缘,不要只求在顺境里一帆风顺;顺境固然可以成就我们,逆境也可以考验我们。有勇气、有能力的人,应该经得起狂风暴雨的吹打,应该抵得住一切魔障的攻击破坏。荣辱毁誉来时要忍得住、耐得住,这样才合乎佛教青年的标准。

四、从苦行中激励精神

佛教对极端的苦行虽不苟同,但对于适度的勤苦,也认为是祛除烦恼、舍离贪着的方便法门。因此,佛陀对某些弟子们的头陀行,不但没有呵止,反而加以鼓励。现在佛教界中,肯吃苦的人实在太少,这也是佛教不能兴盛的原因之一。以前太虚大师在四川汉藏教理院的时候,当时考试院院长戴季陶曾建议大师找一个深山名刹,集合一群佛教青年,从事苦行的实践,以便为佛教建立万年的根基。戴季陶的这种建议,确是有感而发的。

当然,我们体认佛法,不一定从苦行中去求得,不过苦行可以磨炼、激励自己的精神。一个人,恒处在安逸幸福的环境中,从未经过风吹雨打和波浪的冲击,这样的人生是经不起考验的。养深积厚,成就必高。现代的佛教青年,更应该用吃苦来磨炼自己。

如何吃苦？过午不食？每天只管打坐？不问世事？还是每天不停地劳动。其实，苦行的意义，主要在训练自己的精神。自我鞭策，自我发心才能符合苦行的真义。如果受命令驱使，在逼迫、约束下才去做，就失去意义了。至于发心以后，如何实践的问题，我举例来说明。比方说，吃东西会挑三拣四，应想一想"埃塞俄比亚的难民常受饥饿，我每日三餐饱足，还有什么不满足呢？"如此在饮食上养成节制，不挑剔的习惯。还有，在物质上力求淡泊，譬如买衣服、买手表，不一定非精致、名牌不可，只要能穿、能用就可以了。如果对于物质欲望不能克制，而不时地增长自己的物欲，那么任何苦修，实际上是没有效果的。能够做到不为物欲所驱使，才真正具备修苦行的心理基础。

以前，闽南佛学院有一位智藏法师，他16岁进入闽南佛学院时，还不识字，但是到了22岁却成为《海潮音》的主编。只有6年的时间，他的智慧从哪里来的？事实上，他并不是只顾念书，什么事都不做。他打扫厕所，不用扫帚，用手去擦去抠；凡是水沟没有人通的，苦事没有人做的，他都自己来，他本性中就希望自己刻苦勤劳。养成了这种吃苦的习性，培植福德之后，再去读书，当然会比别人更快收到成果。耐得起岁寒的是松柏，耐得起苦行的人，将来才能成为栋梁之才。

五、从随缘中处理生活

太虚大师在他的自传里曾说，他并不是从小就计划要开创什么佛教大事业的，他的一切事业，只是随缘地发心为佛教奋斗，随缘地办佛教教育，随缘地写文章、出版杂志，他也是在随缘里认识了党政各界中护持佛法的人。他说:"偶然的关系,我与许多革命人物的思想接近了,遂于革命燃起了奉献的热情……偶然与若干信徒相遇,遂组觉社,以著书讲学的另一姿态出现。"太虚大师的事业,一切都是随缘而成功的。

随缘,并不是没有原则、没有个性、没有立场,今天跟随这个,明天跟随那个,拿不定主意。所谓"随缘",是指在佛法、道业、修行、工作上,只要有好的事,我都应随心随力去做;只要合乎我的理想,是我曾经计划过的,我便随缘去做。生活上的一切都是为了佛教、为了众生,只要是好的事,我怎能不为佛教、不为大众而随缘呢?"随缘消旧业,莫再造新殃",从随缘中建立新的修行,从随缘中去处理新的事情,这才叫作随缘。

有的人,养成一些生活习惯,一定要睡高广大床,一定要热水才能洗澡,要喝牛奶才能滋补身体,吃水果才能消除火气,这样就不叫作随缘。随缘是"随喜他人而克制自己,是随善随好的"。在生活里,我们应该提倡随缘的合群生活,这才是佛法正觉的生活。弘一大师很随缘,他认为世间上没有什么不好的东西,一切都好,但是他个人的生活却很严谨,可说随缘中有严谨;随缘而不失去自己的原则,不随俗浮靡,才是随缘的真义。

六、从信愿中增进道念

过去有一个人,对佛学缺乏深刻的认识,对世俗的学问也没有十分的精通,但是一接触到唯物主义的书,就认为佛教一文不值,非得全盘革除不可,于是写了一封信给太虚大师,大谈佛教改革。我们知道,太虚大师是提倡改革佛教最有力的一代大师。太虚大师告诉他："我之所以提倡革新佛教，是从我对佛法的信愿中体验出来的，是我钻研过中西哲学、社会世学之后，觉得佛学最好而极力倡导的，绝对不是盲目改革的。"

太虚大师所以有改革佛教的意向，是因为他认为佛教很好，但还可以更好，从他对佛法的信愿中，培养坚定的道念，因此奋身而起，要为佛法创一番事业；唯有对佛法充满信愿的人，才够资格谈革新佛教。

因此，希望佛教的青年们，能培养对佛法的信心，增进自己对佛教的愿力，学习过去的诸佛菩萨，发种种大愿，从对三宝、对众生的信心中来增强自己的道念，道念是我们的根本，好比一棵树有了根，将来枝枝叶叶才能茂盛起来。有了信愿，才能以佛法来化导世界，教化众生；有了道念，才能转化外道和世间，而不会被外道世间所转。今日的佛教青年，应该从信愿中来增进道念，来为佛教创造一番轰轰烈烈的事业。

1976年6月讲于佛光山"中国佛教研究院"

佛教青年成功立业之道(二)

佛教青年不同于一般世俗青年,要有远大的志向。
佛教青年是为学人间菩萨道而来的,
所以应该努力实践人间菩萨的理想。

一、从发心中担当责任

佛教青年时常说要"发心",但是很少听到要担当"责任",也不明白责任的重要。因此,"发心"往往只有五分钟热度,而无法坚持与贯彻自己的发心。我们应当把发心所做的一切,视为理所当然、必须担当的一种责任。

除了"发心",进一步更要了解"责任"的重要;例如船只遭遇海难,船即将沉没,船上的人纷纷逃生,但是最后离开船只的必定是船长。为什么?因为维护船上人员生命的安全,是船长应尽的责任;他重视责任甚于自己的生命。

我们平时认为发心只是一种义务,于是,高兴时就发心,不高兴就不发心,这是有流弊的。"发心"需要担当"责任",因为发心本身就蕴含着责任。

大禹治水,三过家门而不入,并非他不爱家,不爱老母妻儿,而是责任使得他不容许放弃自己的职守,为了完成责任,只有牺牲小我。

《梵网经》说:"菩萨见外道及恶人,一言谤佛音声,如三百矛刺心。"为什么听见有人诽谤佛会觉得像三百矛刺心那么痛切?因为佛法不能兴隆,遭受外来的诽谤,就是我们没有尽到责任,心里怎么能不痛苦?常听人说:"弘法是家务,利生为事业。"不论家务也好,事业也好,弘法利生是佛教青年理所当然应该负担的责任。

什么叫作责任?我为它下了三个定义:

(一) 责任是利他的行为

世界除了我以外,还有许多人。我是人群中的一分子,因此我要为这许多人负起责任来。所谓"先天下之忧而忧,后天下之乐而乐。"责任是利他的行为,是勇者的担当,是有为青年的抱负。不肯负责任的人是弱者,肯负责任的人才是强者;不肯负责任的人是懦夫,肯负责的人才是勇者。

(二) 责任是菩萨的本分

我们应该为佛教、为社会、为众生负担责任。为什么?因为我们是普利人群的圣者之徒,我们是佛教的信仰者,我们学习的是菩萨道,因此不容许我们推卸责任。"国家兴亡,匹夫有责",佛教的存亡继绝,也是佛弟子的责任。

(三) 责任是能者的义务

负责任的人,都是能者;不负责任的人,不管学问多好,都是庸才。为国为民,固然要担当责任,守卫看门,也是担当责任。负责任不是你愿意不愿意,而是做人的义务。

父母生儿育女,养之教之,这是父母的责任。有些父母把爱给儿女,并不希望儿女回报,因为他把教养儿女的责任看作是义务,尽了义务才会心安。

佛教青年要发心,更要尽义务来担当责任。时下的青年普遍缺乏责任感,今后佛教青年要培养自己的责任感,担当起这个时代应负的责任,同时更要提起精神勇气,修养道德,学习佛法,未来才能承担更大的责任与任务。

二、从拥有中养成节俭

谈到节俭,有人会说:"我根本没有什么钱财,还要节俭什么?"其实,节俭不光指钱财的节俭,个人所拥有的任何东西都应该节俭。例如我们拥有生命、时间,要好好利用我们的生命和时间,对于所拥有的生命、时间更要节俭。俗语说:"一寸光阴一寸金,寸金难买寸光阴。"又说:"大禹惜寸阴,吾辈当惜分阴。"时间就是生命,节俭时间就是爱惜生命。我们浪费多少宝贵的时光在懈怠、放逸、散漫上?有多少宝贵的时间在颓唐、随便、马虎中消逝?把大好的年华、青春、生命虚度浪掷,世界上还有比这更浪费的事吗?

除了时间要节俭,对于感情也要节俭。每个人都拥有感情,假如不知节俭,滥用感情,会招来多少烦恼?把感情用在不当不正之处,也不是一个学道者应有的行为。

佛教并不是不重感情,而是要净化感情,以智化情,转化自己的私情私爱来爱佛教、爱国家、爱人群及爱自己未来的前途。只顾儿女情长，那是社会上一般未成熟男女的幼稚行为，进入佛门的人，感情已经过一番磨炼与净化，应该是成熟的。有成熟感情的人，应该懂得节俭感情，把节省下来的感情，运用在一切众生身上。

此外，对于物品也要节俭。竺摩长老一生节俭，一件海青洗破了自己缝补，补了再穿。佛教常说"惜福"，为什么要惜福？就如银行存款，有一定的数目，若不节制用度，随便支付，终会有取尽存款的时候，这时生活就艰难了。所以，平日应该"有时当思无时"，有的时候应该节省，好好珍惜自己的东西，时时记住一针一线，来处不易，一米一饭，得之维艰。我们所拥有的一切都是仰赖社会、国家、师长、父母、常住而有的，日常所需也都是社会大众成就的，而我们是否对他们有所贡献？能平白浪费物品吗？印光大师吃饭时仅吃一样菜，即使拿两样菜来也仅吃一样，弘一大师也是，认为淡有淡的滋味，咸有咸的滋味，因为真滋味是在内心的知足之中。因为他知道：我对社会贡献有限，不该享受丰富的物品。

佛教青年如果不能养成节俭的美德，将来不但不能贡献社会，反而会成为社会的消耗者，一文钱可以逼死英雄汉，我们不能拿不劳而获的金钱充阔佬，或者做人情，应该在有限的金钱之下，学习无限的知识，在少量的金钱之下，完成自己永恒的事业。

我对节俭下了三个定义：

(一) 节俭是储蓄之法

节俭就能储蓄，感情如果不滥用，感情就能一天天地净化，自然能把感情化为大慈悲、大仁爱与大道德；时间如果能节俭，就是储蓄生命，将会使我们的人生延长许多；物品如果能爱惜，就能使我们的东西，更发挥效用；金钱如果能储蓄，就可以积沙成塔，集腋成裘。

未来的一切，往往是由现在一点一滴而成就的，正如大海是由一点一滴的水所汇集而成的一样。

（二）节俭是致富之道

养成节俭的习惯，将来才会富有。我们往往只看到别人有钱，一帆风顺，而不去探究那许多富有者，他们之所以致富成功的原因。如果未来想成为一个富有者，不仅是金钱上的富者，同时也是拥有大感情的圣者及拥有无量时间的寿者，就必须遵守致富之道——养成节俭的美德。

（三）节俭是事业之基

无论将来发展什么事业，如办图书馆、托儿所、育幼院或建讲堂弘法利生，都必须由基础做好，也就是从今天起开始节俭，唯有节俭的人，才能使时间长久，才能使情感丰富，才能使物品增加，才能使金钱富足；从现在起，将已拥有的时间、感情、物品、金钱节俭下来，才是佛教青年未来成功立业的基础。

三、从物欲中有力自制

对于世间的物欲诱惑，要有力量约束自己，克制自己。一个人的伟大与否，不是看他的钱财多少、地位大小，而是看他有没有自制的力量。君子与小人的分别是：君子能自制，小人不能自制；快乐与烦恼的分别在于：快乐幸福的人生是由于能自制，烦恼痛苦的人生则由于不能自制。

佛教为什么讲布施？是要我们对于金钱物品不要贪着；为什么讲持戒？也是要我们在生活中有自制的力量；为什么要忍辱？就是在人事上要有克制自己的能力。现在的青年血气方刚，行动往往凭着一时的血气冲动，这样的人并非勇者。真正有力量的人，是一个能自制、能自我要求的人。

唐朝玄奘大师"言无名利，行绝虚浮"，意即玄奘大师所说的话，没有一句为名或为利，行为也绝无一点轻浮暴躁。过去我曾认识一位法师，一见到人就说："那位张先生很有钱。""好久不见了，在哪里发财？""那个人很有地位呀！"始终把金钱名利看得很重，所说的话，句句不离金钱名利，实在令人不敢苟同。不能视名利如浮云的人，是没有资格做出家人的。

玄奘大师有自我克制的力量，在名位之前，更加地虚心，更加地谨慎。但他并不因此而没有"名"，相反地，唐太宗每次要视察各地，第一个邀请的就是玄奘大师，他的生活所需都由国家供养，朝中文武大臣谁不恭敬他？玄奘大师对于名利，并不是绝对拒绝，有名利没有关系，但是在名利丛中，他懂得自我约束。

要培养自制的力量，生活才能快乐；生活有自制，面临任何诱惑，才有力量对付。关于"自制"，我为它下了三个定义：

（一）自制是人类的本能

虽然追求欲望是人类的本能，但是节制欲望也是我们的本能。有人说："社会讲究纵欲，佛教提倡节欲，难免贻曲高和寡之讥"。其实佛教所提倡的节欲，不是绝对的禁欲。因为欲望是本能的，而人类另外有一种本能的节制力量，来对治欲望，使其平衡。如果节制的力量小，物欲的力量强，无法自我克制，那么就成为人间道德的失败者。如果要在道德人格中完成自己，就必须把自制的本能发挥出来。

（二）自制是君子的要务

自古的圣贤君子，没有一个不克己利人，佛教之所以有那么多戒律，也是要我们知道自制的方法，并具有自制的力量。自制，才能完成个人，成就大众。

（三）自制是修行的条件

佛陀在即将成道前，曾经遭受恶魔波旬及数以万计的天魔扰乱，但是佛陀完全不为所动，终于证得无上菩提。佛陀能不受天魔所扰的主要原因，便是他具有强大的定力与自制力。因此，修行学道的人，必须学习佛陀，培养一种自我克制的力量。能够自制的人，修行才可能成功。

四、从谦卑中长养自尊

人要有自尊自重的心。自尊自重不是傲慢与自大，自尊自重必须从谦卑中去陶冶。古人说：江海所以能成百川之王，是因为它居卑处下，不拒多少。

与人相处，最得众望的人，是懂得谦卑的人。作为一个佛教徒，所从事的是教义的传播，不但要有自尊自信的信念，更须培养谦卑的美德。

以前的出家人"上与君王同坐,下与乞丐同行"。能够上与君王同坐,那是因为具有尊贵的德行,能得到君王的爱戴;肯与低贱的乞丐并行,那是因为明白"心佛众生三无差别"的道理,虽然是乞丐,但人格并无欠缺,能够以谦卑的态度去纳受他们。一个伟大的人物,一定是谦卑的,唯有不成熟的人,才会趾高气扬,傲慢与自大。

谦虚不是畏怯退缩,也非卑劣懦弱,更不是对一切事情推诿而不负责任,当然,谦卑也不是要我们自暴自弃。孟子说:"自暴者,不可与有言也;自弃者,不可与有为也。"一个自暴的人,不可和他讲道理;一个自弃的人,不可与他共事,儒家说培养浩然之气,主要从谦卑中养成自尊,佛法也是一样的道理。

印度比丘以乞食为生,即是要出家人从与众生接近之中,培养谦卑的美德。平常我们至诚礼佛,把尊贵的头匍伏在地上,以双手承接佛陀的双脚,也是要祛除傲慢与自大,养成谦卑的个性。

为什么要谦卑?因为我们没有什么可以骄傲的;为什么要自尊?因为我们没有什么可以怯懦的。西方哲学家说:"一个人如果骄傲,即使是身为天使,也会沦为魔鬼;如果谦卑,虽是凡人,也会成为圣贤。"成熟的稻穗一定会低垂下来,"宇宙有五尺高",我们六尺之躯的人,要生存在宇宙中,都必须低一低头。在漫长的生命旅途上,我们要学习常不轻菩萨的德行,过那低头而向前的人生。

关于自尊,我为它下了三个定义:

(一)自尊是自信的基石

自信心要建立在自尊的上面,没有自尊,哪有自信?有了自尊,才能培养自信心。陶渊明不为五斗米折腰,这是自尊,"三旬九遇食，十载着一冠"，他对自己的人格有无比的自信。佛教里多少古德深山苦修，甚至三餐无以为继，仍不肯放弃僧侣的尊严，随俗浮沉，他们对自己能体解大道有无限的信心。因为有信心，最后终有所成，所以自尊是自信的基石。

（二）自尊是节操的根本

社会人士有社会人士的节操，佛教徒也有佛教徒的"有所为"和"有所不为"，不管什么人，他的节操必须建立在自尊的上面，唯有自尊的人才会尊敬人，自尊的人才不会冒犯人，自尊，是人类高贵的节操。隋朝的道悦禅师，住在荆州时，遇到朱粲造反，朱粲强搜寺中道粮后，命令禅师引路出城，若不从，即予杀害，禅师坐在地上说："吾沙门也，非引路之人，浮幻形骸，任从白刃！"这种从自尊而产生的节操，虽是盗贼，也不得不肃然起敬。

（三）自尊是人格的标准

一个人有没有人格，主要看他的自尊程度如何？而人格的标准，人格的方向，完全取决于自尊心。出家人应该庄严，不能和俗人一样，一个出家人终日讨好世俗，向权贵奉承，或者只为了一点小利，甘心出卖人格。例如有人公然抽烟喝酒，不以为耻；有人出入淫乐场所，不以为羞，这都是由于不具备自尊心所致。

五、从笨拙中启发灵巧

我们一向把笨拙与灵巧看作两回事，但是，真正的笨拙就是灵巧的根基，聪明智巧不是从投机取巧当中得来的，真正的灵巧是从笨拙中增长的。很多老和尚自称老拙,"有人骂老拙,老拙只说好,有人打老拙,老拙自睡倒,有人唾老拙,由他自干了,你也省力气,我也少烦恼。"老拙真的这样糊涂吗?这是老拙历练出来的聪明!真正有智慧的人,看起来好像很笨拙,这就是所谓的"大智若愚"。

1946年,杭州武林佛学院院长会觉法师(太虚大师的弟子)在开学典礼上说:"我一生中最讨厌的就是聪明的人。"为什么他讨厌聪明的人?因为许多人聪明反被聪明误。人笨拙不要紧,只要肯脚踏实地慢慢做,所谓慢工出细活,不从笨拙中启发灵巧的聪明是靠不住的。所谓笨拙者,为学不求急取,做人不想取巧,一板一眼,稳稳当当,你笑我傻瓜也好,你笑我笨拙也好,依然本本分分地做人做事。

中国人常笑日本人笨,呆板、不懂取巧。有一次,我在日本一家饭店的楼上,看到一辆卡车开到十字路口,刚好红灯亮了,此时正值清晨2点,马路上一点声音、一个行人也没有,那辆卡车停在斑马线前等了1分多钟,直到绿灯亮了才开车。一定有人觉得他很笨,深更半夜的哪有行人,尽管往前开就是了。只是,路上虽无行人,但若常如此通行,养成闯红灯的习惯,难保以后不出车祸。守规矩,看起来虽然笨,却可以养成终身安全的良好习惯。现在的日本是世界经济强国之一,如果日本人一点也不聪明,为什么会如此富强呢?这要归功于日本的国民从笨拙、守法之中,养成不取巧、守本分的习惯,所以社会就有秩序,国家就会强盛。常看到有些同学,正楷还不会写,就先学草字,龙飞凤舞,写到最后乱七八糟,不成字样。如果能够承认自己笨,一笔一画慢慢地写,自然而然就会灵巧了。

我对灵巧下了三个定义：

（一）灵巧是贯通的慧解

灵巧，是闻一知十、闻十知百的能力；灵巧，不是凭空捏造，虚造的假聪明，而是贯通的智慧。因为有了灵巧，可以举一反三，可以无事不知，无理不明。禅宗大德有的看到桃花开放而悟道，有的听到婴儿啼声而明心见性。不过，这种大道一以贯之的灵巧，不是偶然，也不是生来就有的，是从多少经历中、多少笨拙里才能贯通的。

（二）灵巧是敏捷的反应

有了灵巧的心思，对事情才会有敏捷的反应。过去的学子亲近善知识时，善知识会以没头没脑的说话，来考验一个人的灵巧、能不能有敏捷的反应。例如日本快川禅师被军阀织田信长放火烧寺，逼得无路可走时，快川禅师要求寺众参"大火中如何大转法轮"的话头，并且不时催着"快！快！快！"假如是灵巧的禅者，在敏捷的反应下，应该就能开悟了。

（三）灵巧是活用的经验

灵巧，是从多做、多说、多看、多用心来吸收经验，从经验中去灵活运用。俱胝的一指，使许多学子契悟佛法；黄檗和临济的棒喝，让多少人接触到禅机。高明的医师，甚至是砒霜、毒药，都可以用来治病。要灵巧才能活用，若无灵巧，即便是好事好话，有时也会惹来麻烦。灵巧非常重要，要学道，先要有灵巧。

六、从理想中实践抱负

今日的佛教青年最缺少的就是没有理想,没有抱负。一个人没有理想,没有抱负,就没有未来,没有未来希望的青年人,能有什么成就呢?

若将人分成上根、中根、下根等三种等级,上根的人凭着崇高的理想行事,为理想而辛苦工作,为理想而牺牲奉献,能否达到目的是另外一回事,总之为理想而奉献一切。中根的人,凭经验行事,认为理想太空幻了,因此做到哪里说到哪里。下根的人,凭需要而生活,认为有面包才能不死,有老婆、儿子才会满足,所以下根的人做事只讲需要不谈理想、经验;禽兽也是只凭本能,如牛马除了寻找水草作为食物,是不会有其他的要求。

青年人,尤其是佛教青年,不能只求满足于生活上的欲望,而抛弃一切理想!如果是这样,与禽兽有何分别?佛陀说,众生是无边的,烦恼是无尽的,法门是无量的,佛道是无上的,人生有那么多的无边、无尽、无量、无上,等着去追求,我们能做一个没有理想、犹如行尸走肉的人吗?人有了理想,工作就不会觉得辛苦;有了理想,吃点亏也不会计较;有了理想,生活中就有力量。所以佛教青年要有志愿、有抱负、有理想。

关于理想,我为它下三个定义。

(一) 理想是正当的希望

每个人在一生中都有很多的希望,而崇高的理想,则是我们正当的希望。希望,可以引导人走上正途。哀莫大于心死,人生最悲哀的事,就是没有希望,没有希望的人生,眼前一片灰色,暗淡无光。就算猫狗,也希望有美好的三餐;就算花草,也希望有朝露的滋润。何况万物之灵的人类,怎能没有正当的希望,怎么没有崇高的理想?

(二) 理想是力量的源泉

人生有了理想,才有奋斗的力量;没有理想的人生,好比干涸的泉水,无法长养生机。有了理想,才有力量。人类能征服珠穆朗玛峰,是由于人类从理想中产生登高的力量;人类能够登陆月球,因为人类有上天的理想,所以就有力量上天。世界上多少伟大的事业,都是靠理想所产生的力量而完成的。

(三) 理想是快乐的国土

有了理想,生命才有意义,人生才有希望,理想使生活充满快乐。有了理想,便拥有了一个理想的国度。人间的世界,不容易拥有,即使想拥有几百平方米的土地都很困难,更不用说其他,但是,我们可以建立一个理想的国度。有些佛教青年,没有崇高的理想,只希望有一间小庙,根本不敢成大功、立大业;靠一些小庙怎么能复兴佛教呢?

想成功立业,必须具备理想。佛教青年不同于一般世俗青年,要有远大的志向。佛教青年是为学人间菩萨道而来的,所以应该努力实践人间菩萨的理想。

1976 年 6 月讲于佛光山"中国佛教研究院"

佛教青年成功立业之道（三）

佛教青年更应该本着"弘法是家务，利生为事业"的志愿，鼓舞起热忱，去担负弘法利生的工作。

本篇提出六点来说明青年成功立业之道：

一、从工作中发挥热忱

没有工作的人，是世间上最苦的人。人生最大的痛苦就是寂寞无聊。有些年轻人成天闲荡，无所事事，像孤魂一样，不知道在哪里安定身心；像浮萍一样，不知道将飘向何方，那是何等的不幸！工作对于每一个人，确实具有重要的意义。

工作的益处很多，以下简单地列出三点。

（一）工作中才有生命

工作，这是上天赐与人类最好的礼物，除了成长，开发自身的心胸、眼界之外，还能提供对人间的贡献，并且逐渐对"同体共生"有所认知。一个人如果没有工作，等于行尸走肉，没有精神，没有灵魂；一旦有了工作，才能发挥生命的潜力，表现出生命的价值，所以说工作就是生命。

（二）工作中才有人缘

在一个团体中，最不得人缘的人，就是最懒惰、最不发心、最不肯工作的人。许多小动物，如蚂蚁、蜜蜂，都非常勤奋工作，或储蓄粮食，或采花酿蜜，它们都活得很有意义。身而为人更应发心工作，从工作中获得人缘；要勤奋工作，才能获得群众的接纳。"工作无贵贱，服务最神圣"，孙中山先生说："人生以服务为目的。"可见有工作的人生才有意义。

（三）工作中才有财富

世间上的人都想拥有万贯家财，那么，如何才能获得？致富之道是什么？就是工作再工作。财富不会从天上掉下来，即使有横财，如果不继续努力工作，只是坐吃山空，再多的横财也不长久；再说，不劳而获的财物，是不可贵的。唯有掺和自己的汗，发挥精神、用尽力气去赚取的财富，才是最可贵。俗语说：金砂随潮水流来，也要你动手去淘洗，才能得到黄金。这说明一切的收获，都从工作中得来的。

有位父亲去世之前，召集儿女们到床前，对他们说："我有不少的财产留给你们，那是一些黄金，就埋藏在葡萄架下。"父亲去世后，儿女们在葡萄架下面努力挖掘土地，希望取得遗产。葡萄架下真的有黄金吗？没有。但是由于经常挖掘、翻松泥土，土壤变肥沃了，架上的葡萄遂长满了累累甜美的果实，这些儿女们也因而获得很多的钱财。

这个寓言说明了"唯有工作才能获益"。在工作中自然有精神、有力量,也唯有工作才能安定身心,因为工作过程能带来乐趣。人生有了工作,生活才有意义,生命才有价值。

佛教常讲发心,发心就是要发心工作,奉献自己的力量。一部机器,如果长久不发动、不使用,它会生锈;人的身体,如果不经常磨炼,也会衰弱;不经常工作,意志会消沉,心思也会枯竭。一个人不经常工作,好比在自己人生的道路上,设下了障碍,使自己寸步难行。所以,一个人如果希望活得轰轰烈烈,就必须工作;不但要工作,更要竭尽心力去工作,从工作中发挥青年的热忱,如此,他的人生定能辉煌腾达。

现代的佛教,形同老迈的枯藤,毫无生气,主要是因为我们佛教徒缺乏热忱。记得曾有人感叹地说:"自我进入佛门后,所感受到的是'冷'的气氛!"这个"冷",不是气候寒冷的冷,而是气氛的消极,令人感到处处一片寒意;工作没有热忱,修行没有热忱,待人没有热忱,卫教没有热忱,因此给人一种"冷"的感觉。

翻开历史,每个朝代里的救国救民事业,莫不是仁人志士们奉献出力量与热忱所创造出来的。所以,工作有热忱,才有力量;工作有热忱,才有内容,也才能支持长久。一个宗教家,对于救人救世的事业,必须具有高度的热忱。佛教青年更应该本着"弘法是家务,利生为事业"的志愿,鼓舞起热忱,去担负弘法利生的工作。

二、在反省中检讨功过

人要天天反省自己。自古以来的圣贤,他们能够变化自己的气质、修身立德,主要是因为具有反省的功夫。曾子说:"吾日三省吾身。"袁了凡以"功过格"记录自己的功过,以反省自己举止的得失。有些人,眼睛只看到别人的缺点,却看不到自己的缺点;嘴巴只讲别人的过失,却从不检讨自己,因此,养成抱怨不满、怨天尤人的坏习惯。其实,人与人相处,若能做到"以责人之心责己,以恕己之心恕人",时时反躬自问,检讨得失,方能增进道德,升华人格。

反省的益处很多,仅提出下列三点来说明:

(一) 反省是悔过的勇气

有些人犯了过错,却不肯悔过,因为他没有反省,不能自知;如果能仔细反省,就会生起悔过自新的勇气。人非圣贤,孰能无过?一个青年人在修学的时候,应该时常反省自己的过失,痛痛快快、切切实实地把它表露出来。譬如得了盲肠炎的人,一定要把盲肠割掉,以除后患。一个人的过失,也要用反省忏悔的快刀把它切除。

一般人最大的弱点就是护短,覆藏自己的过失。面对自己的过失,不肯改进。因此,踏出学院,真正去负责一方时,便显出自己处处都是毛病,而无法立足。所以,佛教青年不应掩饰自己的短处,要有反省过失、努力改进的勇气。

(二) 反省是自知的镜子

古语说:"人欲自照,必须明镜。"一个人要知道自己的长相,必须照镜子。若要了解自己行为的得失,则必须用"反省"的镜子来映照;反省如同一面镜子,在反省的镜子中,自己的本来面目,自能显现无余。

从一些青年同学们的日记里,可以发现,凡是品德较好的学生,日记里通常重在检讨自己的功过,总认为自己缺点很多;凡是品德不好的学生,大都批评别人的好坏,这个人不好,那个人不是,似乎全天下的人都不能令他满意。事实上,这是他不认识自己,他所看的全是别人的缺点,所想的也是别人的过失。一个人到了连自己都不认识时,那是多么的无知,多么的可怜。所以,我们不必忙着去认识别人,重要的是先认识自己,从反省中认识自己,从反省的镜子中了解自己的真正面目。

(三) 反省是明日的祥和

唐太宗是中国历史上有名的贤君之一,他所以能成就千秋万世的伟业,主要原因在于他能谦虚自制,肯虚心反省。专门记载唐太宗言行的《贞观政要》,即曾记录一段他的自述,他说:"朕每闲居静坐,则自内省,恒恐上不称天心,下为百姓所怨。"可见一个伟人之所以成功,确有其为常人所不及的地方。

今日有了过错,如果没有反省,明天还是一样的犯错。如果能够时常反省,即使错了,经过反省,知道犯错的缘由,随即改正,下一次就不会再犯同样的过错。所以说,反省是明日的祥和。

譬如甲乙两个人相处,甲得罪了乙,经过反省后,知道自己错了,翌日,随即向乙道歉,两个人前嫌尽弃,和好如初,这不就是反省得来的好处吗?佛教最重视戒律,犯了戒的人必须忏悔,才能消除罪业。所谓忏悔,其实就是赤诚的反省。

《法苑珠林》记载:"有一比丘,名曰欣庆,犯四重禁,来至僧中,九十九夜忏悔自责,罪业即灭,戒根即生,如初受戒时,无有异也。"一个犯了四大重戒的人,经过反省忏悔之后,居然能够与初受戒时相同,可见赤诚反省的功用,能使人获得"新生"。所以说,"反省"是明日的祥和。

反省的利益很多,反省是智慧的果实,反省是进德的阶梯,反省是青年们修学中重要的功课。一个人不要随便责备别人,要能以责备人之心来责备自己;也不要任意批评别人,要以批评人之心来批评自己。更重要的是要时时反省自己,只要是有利于大众的事,就热心去做。时时反省,知道自己的言行不合乎道德标准,就赶快改正过来。一个青年人,想要成功立业,首先必须健全自己。如何健全自己? 就是要不断地反省、再反省。

三、从宽容中扬弃嫉妒

求学的时候,学习把自己扩大,尤其要把心量放大。《释迦佛》中有一段记载:有一位犯了五逆十恶的坏人,想回头忏悔,但是心怀恐惧。心想:"我过去那样冒犯佛陀,如果现在向佛陀忏悔,他能宽宥我吗?"有人了解他的心意,便告诉他:"佛陀的心量尚且能包含天地,怎么会容不下你一个人呢?"于是他勇敢的前去忏悔。

佛世时,摩揭陀国阿阇世王忤逆父母,大行不孝,最后知道自己错了,想求忏悔,可是父亲已经去世,忏悔已来不及。他很悲伤,也因此自暴自弃。他的母亲对他说:"诸佛心量,等同虚空,你父亲是学佛人,虽然你忤逆了他,但是我想他一定会宽恕你的罪过的。"

所以,要做一个伟大的人物,先要养成宽宏大量的气度。海阔凭鱼跃,天高任鸟飞。一个人要养成海阔天空的胸襟,要有宰相肚内能撑船的器量,能够容纳好人善人,甚至仇人敌人、看不惯的人,也都能宽容。唯有宽容才能去除嫉妒,唯有宽容才能成就一切。一个人若不欢喜别人好,不欢喜别人快乐,常常令自己活在怒火之中,那是很痛苦的。

至于如何宽容别人,如何去除嫉妒?必须能做到下列三点:

(一) 不念旧恶

小孩子和玩伴吵架了,总欢喜算旧账,譬如:"你过去拿过我一张纸!""你以前吃过我一块糖!"我们都不是小孩子了,不能如此幼稚,不应该再算旧账。不过,愚痴的人往往喜欢算旧账,喜欢把过去芝麻绿豆大的事情提出来讲。"过去种种譬如昨日死,未来种种譬如今日生"。既往不咎,主要的是看现在和未来。

人与人相处,难免会有误会或摩擦,只要我们有宽大的度量容人,不念旧恶,犹如大海之深广,能容任何污秽之物,且不失去大海的清净,又如虚空之宽大,任何美丑之物,皆能包容无余。所以人与人之间的相处,不论任何的讥嫌、误会、过失,都要以宽宏的心量来包容。在佛教里,有人犯了过失,经过至诚忏悔之后,罪业就可以消除。佛法中说:一个肯悔过的人,比没有犯过的人更好。对于已忏悔的人,若再批评他过去的过失,那么批评者的过失会比犯过者更严重。佛门最忌讳算旧账,佛教青年应该不念旧恶,不翻陈账,和谐相处,才是佛弟子应有的态度。

(二) 以德报怨

梁国的大夫宋就,曾做过边县的县令,梁国与楚国的边界紧紧相邻。梁国的边亭与楚国的边亭,都种了瓜。梁国的百姓勤劳,常常给瓜灌溉、照顾,因此长得很好。而楚国边亭的百姓懒惰、懈怠,瓜也就长得很差。

管理楚国边亭的县令,看到梁国边亭的瓜长得好,心中非常嫉妒、恼怨。楚亭人就在夜里去捣坏了一些梁亭的瓜。梁亭人发现后也想去破坏楚亭的瓜,就去请示宋就。宋就说:"造恶是怨祸的根源。别人作恶,你也跟着作,那就更坏了。如果是我,就每天晚上叫人偷偷地为楚亭浇瓜,不让他们知道。"

梁亭人的一听,每天晚上便偷偷地去给楚亭的瓜浇水。瓜一天天地长好起来。楚亭人感到很奇怪,便暗中观察,发现是梁亭人所为。楚县令听到这样的事,便报告给楚王。楚王知道后,感到非常惭愧,告诉官吏说:"毁坏瓜的人,难道没有罪过吗?这是梁人在退让啊!"于是,楚王以重金谢礼,并向梁王示好。自宋就开始,梁楚两国就交好了。

唯有心胸宽广、不念旧恶的人,才能做得到以德报怨。

《长寿王经》云:"以怨报怨,怨终不灭;以德报怨,怨乃灭耳。"以怨报怨,永远不能息怨;唯有以德报怨,才能结束一切冤怨的根本。有仇敌,应该用道德去感化他,不要生起怨恨心,因为以怨报怨,是永远无法化敌为友的。

(三)与人为善

一般人对于犯错者,往往不肯给予改过向善的机会,也不肯指引一条方便回头的道路。我们学佛的人,有责任将欢喜布满人间,把善良的风气传遍各处;应该予人方便,予人好处;应该不舍弃任何一个改过自新的人,不拒绝任何一个心向佛道的人。

有些人往往缺乏助人为善的心量,甚至嫉妒他人的善举。这种态度不只阻碍了他人,也阻碍了自己,我们应该学习以宽容来扬弃嫉妒。"泰山不辞土壤,故能成其大;河海不择细流,故能成其深。"泰山所以能高大,是由于它不舍弃任何一块小泥土;大海所以能深远,是因为它能容纳任何细小的溪流。一个人生存于世间,待人处世,也应该具有泰山、大海的气度,不嫉妒好人,不排挤异己,因为唯有宽容大度,才能成就一切。

四、从讥谤中庄严福慧

无论是伟大的人物或普通的小人物,都难免会遭遇讥讽诋毁。受到讥嘲诽谤时,我们如何给予自己力量?如何使自己不消极?那就要从讥谤中学习庄严福慧。

在《大方广如来秘密藏经》里,佛陀问大迦叶尊者,有一颗大宝珠,是众德所成,它的质地纯净,能消除一切的瑕秽。但是,"若有人天,毁骂是宝,而不恭敬。迦叶。于意云何?是大宝珠,畏毁骂故,失宝力耶?"大迦叶回答:"不会。"佛陀接着说:"是净宝珠,犹彼菩萨,志意清净;一切众生,虽不恭敬,所有功德,无有折减。"清者自清,任何讥毁都无法减损贤者之德的。

《优婆塞戒经》里也说:"我身若被截斫分离,不应生瞋。应当深观往业因缘,当修慈悲怜悯一切。如是小事,不能忍者,我当云何能调众生?"忍辱,是菩提正因。对于逆我、谤我、伤我的人,能不瞋不怒,甚至慈眼视之,才是真正有力量的人。

昔时有位宰相,气度宽宏,行忍功夫到家。有一天,弟弟要到外地做官,来向哥哥告辞,哥哥说:"你脾气不好,此行我担心你的事业不能顺利。"弟弟说:"不会啦!这次我听哥哥的教导,别人给我的讥讽诽谤我都不会计较!""真的吗?假使有一个人在你脸上吐口水,那你怎么办?""我一定照哥哥的指示去做,不和他计较,把口水擦干就算了!"哥哥说:"如果是我的话,我就不这么做。别人所以会对你唾面,就是因为不高兴你,你把口水擦了,他会更不高兴。因此,你不必用手去擦,让它自己干了,这才是忍耐的上乘功夫。"

自从我们懂得人事开始,所遭遇的讥讽诽谤,不知凡几。连受众人景仰的胡适博士,也是"誉之所至,谤亦随之",有人赞美他,也有人诽谤他。试观世界上伟大的圣贤,哪一个不是从讥讽诽谤中成就出来的?讥讽诽谤会打倒一个人,但是,它只能打倒一个庸懦无能的人,打不倒一个有理想、有抱负、有热情的人。对于讥毁,要把它看作是庄严我们福德智慧的逆增上缘,千万不要让它激起自己的瞋恨心。《成实论》云:"恶口辱骂小人,不堪如石雨鸟;恶口骂詈大人,堪受如华雨象。"小人物与大人物的区别,从其应付外来讥毁的态度,也可以明显地看出来。

台中李炳南居士,初到台湾弘扬佛法时,也遭遇到很多麻烦。当时李炳南居士效法常不轻菩萨的行持,谦和地说:"善知识,我不敢轻视汝等,汝等皆当做佛。"甚至说:"善知识,谢谢你,你给我的这种难堪,是在消除我的罪业,谢谢你给我消除罪业的机会。"由此看来,讥讽诽谤不但对人没有坏处,对一个真正有作为的人而言,反而成为庄严自己,增长福德智慧的助缘。

佛陀在世时,提婆达多及许多外道经常蓄意陷害佛陀,但都无法得逞,而且每一次佛陀遭外道陷害后,反而声望更加提高,佛教的弘化也更形顺利普及。所以,黑暗就是光明的预兆;外来的拂逆,更是行善的逆增上缘。没有讥讽诽谤,就显不出伟大的人格,显不出圣贤的节操。

对于如何忍耐讥讽诽谤,提出下列三点来说明:

(一) 不说讥谤

讥讽别人的话不说,诽谤别人的话不说。如果发觉自己平时好说别人的闲话,那么,从现在起绝口不说,这就是不恶口。

(二) 不听讥谤

不要理会外传的讥讽诽谤。一个人如果时常注意外传的谣言,则心情会受影响而难过,一难过,就愈没有力量、没有心情去做其他事情。"是非之言止于智者",一个有智慧的人,绝不乱传谣言,更不轻易听信谣言。

(三) 不怕讥谤

讥讽可以消除罪业,是修道人的逆增上缘。一个修道人,不但不必惧怕讥讽,更应把讥讽转变成激励身心的力量。

五、从听闻中确实奉行

《楞严经》云:"此方真教体,清净在音闻。"学佛要多闻熏习,听闻佛法是学佛必经的过程。任何一部经,开头必是"如是我闻",最后是"信受奉行",经典的这种形式,可以给我们很大的启示。有些学佛人,多闻是做到了,但是在"确实奉行"方面却还嫌不够。往往只学到半部经,即只学到前面的"如是我闻",却没有学到后面的"信受奉行"。

《大乘宝云经》说:"虽有多闻,不制烦恼,不能自利,徒无所用。譬如死人,着金璎珞。"一个多闻而不能奉行的人,就像死人穿上华丽的衣服一样,一点用处也没有。因此,一个人想成功立业,除了多闻,也要确实奉行。

以下举出如何多闻且确实奉行的方法:

(一) 闻是要说好

听到好的道理,要赞美,并随喜赞同。有一些年轻人,听到别人所说的许多道理,喜欢反驳:"你讲的道理固然很好,不过,我的意思是……""你讲的话虽然不错,但是,我以为……""你的意思虽然很好,不过,……"不管别人如何苦口婆心地教导,总是一开口就将它否决,甚至别人的话还没说完,而他的意思本来也一样,但是却一开口就表示他不完全同意。他觉得赞同别人的意见,会使自己矮了一截,因此,总不肯爽爽快快地承认别人的意见正确,这是一种很不好的习惯。

(二) 闻善要奉行

有一类众生常有"闻善不着意"的坏习惯,听到好的话,丝毫不加以留心,更谈不上确实去奉行,因此,常在恶道中流转。人为万物之灵,具有辨别善恶的能力,如果能闻善奉行,则道业自能快速增进。

（三）闻理要相应

听到符合真理的话，要设法与它相应。有人说："你的话打动了我的心坎，你这话好像是为我而说的。"这就是听话的人，能与对方的话相应。我们常常称赞佛陀为"如理师"，说他是真理的体验者，是真理的证悟者，是真理的榜样。一个与真理相应的人，一定是真正慈悲的人，即使他骂你、打你，其出发点也都是慈悲的。若想与真理相应，就必须从日常生活行住坐卧中去体验，养成事事都"如理作意"的习惯。

平常若有写日记，应写些如何与真理相应、如何与真理结合在一起的事，以此来检视自己的心；因为一个烦恼无明炽盛、怨天尤人，处处不满现实的人，是不可能与真理相应的，言语举动更不可能与真理结合在一起。

六、从克难中创造明天

记得刚来台湾时，当局最早发起的运动叫做"克难运动"；组织的乐队，叫作"克难乐队"。当时，全台上下，一致推行克难活动，由于大家合力推行，使得台湾从克难中渐渐成长，这种克难的精神，就是奋斗的精神。从克难中，期待明日的光辉；能够克难，才能从克难中孕育明日的果实。

"克难"，顾名思义，是克服困难。一个修学佛法的人，有什么困难需要克服？譬如有人觉得"话难说"。如果觉得说话很难，普通话不容易说得正确，就要努力学习，克服说不好的困难；有的人认为写文章很难，就要克服文字的困难；思想不能畅达、语言文字不能流利，也是先找出困难的所在，再设法克服。

也有人觉得"事难做"。所谓"事难做"有两种情形，一种是事情本身的条件困难，一种是人事关系的困难。一个人不论在任何情形之下，绝不可因为事情难做就不做，更不必因人事关系困难而灰心。所谓"佛道难成誓愿成"，世间事没有比学佛更困难的事，成佛的困难都不怕了，还怕世俗成功立业的小困难吗？

法国统帅拿破仑曾说：我的字典里没有"难"字。古来的英雄豪杰常自诩："我不知道什么叫作困难。"所谓"世上无难事，只怕有心人"，只要有心，虽移山填海，也终有成功的一天。把难字从口边、心里去除，脚踏实地切实去做，相信不会有什么困难。

此外，有人会觉得"道难修"。修道有什么困难？为了修道，要淡泊名利，忍受寂寞，委屈吃亏，忍耐压迫；为了修道，亲情要放下，故乡要远离，朋友少来往，一切功名富贵的念头都要舍离。

有的人修道，经不起时间的考验，到头来反而背道而驰。所谓"修道一年，佛在眼前；修道三年，佛在西天；修道十年，无影无边。"这种人在追求真理的道路上不能耐烦，经不起挫折，因此半途而废。像这种自暴自弃的人，能完成人生吗？能成就道业吗？所以，一个修道人，要有锲而不舍、持之以恒的毅力，不只具备"勇猛心"，更要有"恒常心"，才能圆满完成菩提大道。

1976年6月讲于佛光山"中国佛教研究院"

佛教青年成功立业之道（四）

为了广度众生，为了续佛慧命，佛教青年应该先从充实自身、
改变气质做起，发慈悲心，立坚固愿，
相信未来的佛教，即能如丽日中天，光灿寰宇。

本篇提出最后六点意见，分述如下：

一、从威仪中训练自然

对于佛门的三千威仪，八万细行，我们做到了多少？平常的行住坐卧，身心的语默动静是否与威仪相应？有的人，小心努力地学习威仪，走路的时候，一板一眼，步伐姿态，毫不随便；坐着的时候，眼观鼻，鼻观心，就像入禅定一般。但是，威仪并不只是做一个样子，也不是要装模作样。重要的是自然地流露，不做作，毫不勉强。譬如讲话的时候，自然低声轻语，不口沫横飞，旁若无人；笑的时候，牙齿虽不露出来，内心也自能感到欢喜。平日就养成这种良好的习惯，即使独处没有外人时，也一样具足威仪，那么在众人面前也不必特意做作。

有的佛教青年发心学习威仪，可是又学得不像，有的则根本不

愿学习,还是不能免除一般人的习气,与社会上的青年男女没有什么两样。

以下提出三点,说明威仪的重要。

(一) 威仪代表教养

从一个人的威仪中,可以看出他是否受过良好的教育。有教养的人,风度翩翩,举止动作,毫不矫揉造作,自然流露平静纯真的气质,行为表现具有真善美的行止风范。但是,一个没有教养的人,他的外在言语行为,粗鲁莽撞,心思不定,缺乏自动自发的进取心。

佛教青年,应该把平日的学养修持,表现在日常生活的一举一动中。

(二) 威仪可以说教

俗语说"身教重于言教"。凡是身形仪容能使人肃然起敬,威德仪态能使人效法者都叫身教。过去佛光山举行大专佛学夏令营时,我向学员说:"希望你们在佛光山能从花草砂石内,认识三千大千世界;从佛像僧容中,见到自己的本来面目;从座椅拜垫上,体会自己的无限生命;从僧团袈裟一角中,紧紧握住人生真善美的一面。"庄严的威仪,是能不透过语言而说教的。

几年来,前来佛光山的信徒游客日益增多,山上的法师,无法一一去为他们说法,因此,即以庄严的仪表、慈祥的面容,向信徒游客们作无言的说教。有的游客看到出家人长衫飘动,步伐轻盈,被其庄严的气氛感动不已,因而进入佛门,这也是一种"现身说法"。

（三）威仪可以获得尊敬

有些学佛人，虽不要名利，却想受到别人的尊敬。一个受人尊敬的人，不但须具备学问和道德，更重要的是要具足威仪。佛教中有一项规矩：出家后，五年学戒，然后才允许听教参禅。一个出家人，必须先学习律仪，净化自己的身心，养成高尚的气质，接下来才可以研究教理或参究话头。

时下有些僧青年，最易犯的重大毛病就是尚未学习基本的威仪，即躐等去听教参禅。因此，学到最后，往往有如空中楼阁，浮而不实。佛教青年们除了学问的追求，必须特别重视威仪的训练，举凡行住坐卧、语默动静之间，都要随时注意是否合乎威仪。只要具足威仪，又有学问、道德，自然能获得别人的尊敬。

二、从淡泊中体验乐趣

追求快乐是人类共同的愿望。有的人追求物质的快乐，有的人追求享受大自然的快乐，有的人则在物质之外，从淡泊中获得快乐。而学道的人，在物欲泛滥的世界中，如何选择或追求快乐呢？自然是从淡泊的生活中体会乐趣。因为物质的快乐，不能绝对长久；唯有在淡泊的生活中，才能获得真正的快乐。

淡泊的好处可由下列三点来说明：

（一）淡泊可以启发良知

翻开报纸，常看到一些杀人抢劫的事情，为什么有这么多人昧着良知去做这种损人不利己的事呢？观其缘由，大都是对于物质不能满足。不甘于淡泊的人，为物欲所蒙蔽，行事自然就没有良知。

我们不妨时时自我反省,我们对社会的贡献有多少?我是否产生过损人利己的心思?如果我们对粗茶淡饭能够知足,则物质条件再缺乏,相信也能够优游自适,自然不会产生有害社会的念头。如果内心的念头纯正,则"人欲净尽,天理流行",良知也会自然显露出来。

(二)淡泊可以招致高贵

历史上的许多高僧大德之所以受人尊敬,并非由于拥有良田千顷或华屋万间,而在于他们的甘于淡泊、不贪安逸及不务奢华;在淡泊之中,能使僧格不断地升华、滋长。

净土宗慧远大师,虽有朝中王公大臣想请求供养礼拜,但他不为所动,甘愿粗衣菲食,在小关房茅棚中修行,30年不下山,因此他的德辉照耀于万世。所谓"人到无求品自高",虽然没有华衣来庄严,没有美食来饱暖,但是由于甘于淡泊,无所需求,人格自然就会高贵。因此,佛教青年不能太重视物质的追求,如对现实的物质要求太高,流弊必定也大,应该从淡泊苦行中陶冶自己,磨炼自己,这样,不但能启发我们的良知,更能使我们的人格高贵。

(三)淡泊可以带来快乐

有的人认为有钱就能快乐,殊不知世界上的大富豪,往往比一般百姓有更多的烦恼;有的人认为锦衣玉食能使人快乐,其实未必尽然;有些人认为名位权利可以使人快乐,事实上,名位权利所招致的烦恼,更令人难以忍受。

一个人追求繁华容易,返璞归真困难。如果能把世俗功名富贵的欲望淡薄一分，那么道念就能增加一分。举例来说：在一杯水里加上一些酸甜苦辣的东西，这杯水立刻就会变质。即便是一杯茶，放个两三天，也会产生怪味。可是，如果仅是一杯清水，淡淡的，没有任何杂味参杂其中，这杯水永远是一杯清水。就如人的思想、欲望愈多，则愈容易变质；如果能甘于淡泊，如同清净无味的水，则烦恼的怪味便不会产生。所以，淡泊的快乐，是最可靠、最长久的。

许多人相处时喜欢标榜感情浓厚，你来我往，隆情高谊，结果总是不能持久。我们不仅在物质生活中要淡泊，在人情往来之间也同样要淡泊。一个人唯有心地纯洁，甘于淡泊，无贪无求，不为名利，自然能安身立命；反之，如果贪图生活上的富裕，过分计较人我间的得失，定难获得永恒究竟的安乐。

孔子说："士志于道，而耻恶衣恶食者，未足与议也。"老子也说："五色令人目盲，五音令人耳聋，五味令人口爽……难得之货令人行妨。"可见物质的过分享受，是历史上大哲人所极力反对的。一个人若过度热衷于物质的享受，将为物欲所牵引，本具的灵性也会被物欲所蒙蔽。

学佛人，在生活上必须恬淡，心灵才会清净明彻，不易为客尘烦恼所染。唯有如此，才能体会陶渊明"采菊东篱下，悠然见南山"之悠然自得的境界。

三、从宁静中安顿身心

人生最痛苦的事情，不一定是没钱，也并非身染疾病，而是身心无所安置。有人说，上了讲台，手没有地方安放，就感到身心不自在；孤魂野鬼最大的悲哀，是没有一个皈依的所在。的确，身心无处安顿,是一件很痛苦的事。身心应该安放在哪里?诵经礼佛,可以安顿我们的身心;三藏十二部经典的义理大海,以及大众的事务,都可以安放我们的身心,除此之外,"宁静"也可以安放我们的身心。古人说:"淡泊以明志,宁静以致远。"除了淡泊,宁静也自有一番意境,能让我们体会到更宽广的世界。

所谓"宁静",不是指外在的一切运作停止,如飞机不飞、车子不跑、人们不讲话等等,主要是内心自然没有声音,而不是抹杀外在的一切声音。就如"禁语",不仅是嘴上不讲话、手接触东西无声音或走路时脚下无声等,更要做到心里没有声音,即使在热闹场所,心灵仍然澄澈灵明,丝毫不为外境所动。此时,就是心灵的宁静,心灵的庄严;道德可以完成,人格也可以升华。

以下说明在宁静中如何能安放身心:

(一) 宁静中有宽广

内心的宁静,可以扩大一个人的精神领域及心灵世界。当我们把心静下来时,平时所想不到的问题,往往就可以想到,记不起来的事情也可以记起来。

当然,使内心宁静或参禅,并不是为了想起旧日的事情,宁静中的世界很宽、很大。我们不必在人我是非的小圈子中打转,因为在烦恼喧哗的外在世界里是无法解脱的,好像钻牛角尖一样,越钻越小,我们应该把心胸扩大,从宁静中体会三千大千世界的宽广。

(二) 宁静中有富庶

俗语有云"沉默是金",这句话的意思是宁静里含着富庶。一个人熙熙攘攘地忙碌过一生,拥有功名权势,拥有家财万贯,出门汽车,入门洋房,甚至拥有娇妻美妾,子孙满堂,这样就是富庶吗?其实,人生真正的富庶含藏在宁静中。

当一个人静静独处时,可以仰望蔚蓝的长空、飘动的白云,宇宙是那么广阔;或是一卷在握,上下古今,多少英雄豪杰与我对话,竖穷三际,横遍十方,一切尽在我心里,可以任意畅游在太虚之中,能说不富有吗?生而为人,重要的不是拥有外在的财富,而是拥有心灵的智慧及宁静的生活。

一个人一天当中,如果缺乏30分钟乃至10分钟的宁静,那么精神生活一定非常贫乏。学院为什么规定每周放假一天?这是为了让学生有自己的生活,体会宁静的乐趣。在一年当中,至少要有一个月的宁静生活,因为没有宁静生活的人生,会迷失方向、忘记自己,只有懵懵懂懂,任人牵着鼻子走。唯有在宁静中,才能面对问题,与自己交谈,才能达到"身心安泰"的境界。

(三) 宁静中有平安

人若是每天生活在浮躁动荡之中,会处处埋伏着侵犯德行的陷阱。如果能把自己安住在宁静之中,就会感到平安。印度圣雄甘地,虽然一生大部分的时间都住在牢狱里,但是,由于他内心的宁静、淡泊,所以处处感到安稳,不会心有不平。

知足的人,即使身处地狱,也会觉得像在天堂一般。有了宁静的人生,到处都可获得平安。当我们或坐或站都觉得不称心遂意,是因为内心浮躁不安,不能平衡。内心如果能宁静,即是所谓的"自觉心安,东西南北都好"。宁静能使人心安,并使瞋恨心调伏;

内心平静,则待人处事永远祥和,争执的弊端就永远不起。所以,宁静中有平安。

四、从信仰中发掘能源

世界性的能源危机,会带给世人不安与骚动。因为能源缺乏,汽油涨价,汽车不能常出去跑,电灯不能随便开用,冷气必须尽量节省,一切物质都供应不足。在物质文明发达的现代,居然还有能源缺乏的危机,可见科学与物质文明的效用是有限制的。然而,我们心里的能源,则没有缺乏的时候,每个人的心里都有无限的宝藏,人人都可以去自由开采。

我们如何开采自己内心的能源呢?应以"信仰"来开采。《华严经》云:"信为道源功德母,长养一切诸善根。"信仰就是力量,一个有信仰的人,内心充实,他看这个世界,到处一片祥和;一个没有信仰的人,他的心境就不同了,由于没有心灵的皈依处,会感到这个世界很贫乏,甚至觉得人生很空虚。有信仰的人生才是美满的。

信仰与能源的关系可用下面三点来说明:

(一) 信仰可以发掘智海的能源

我们每个人都有一个如大海般深邃广阔的智慧宝藏。此内心的智慧能源,才是真正的无价之宝。佛法四句偈的功德不也是胜过三千大千世界吗?由此可知,智慧不是物质上的财宝所能比拟的,而这个智慧的大海,必须用"信仰"来发掘。所以说"信仰"可以发掘智海的能源。

(二) 信仰可以发掘慧山的能源

能源在哪里？在深邃的海底，也在高耸的山上。有人说，台湾是个美丽的宝岛，一般人只以为台湾"四季如春，物产富饶"，其实，台湾的可贵处并不仅在于此。台湾的山脉连绵，那儿有无限的宝藏；台湾的山林苍翠，那是台湾的生命线。如果将台湾山脉里所蕴藏的资源，全部开采出来，能让人民生活丰富，精神愉快。但又何妨留一些给后代的子孙，让他们还能看到青山绿水的大自然之美呢？

山上有能源，海底也有能源。所谓智如海，慧如山，我们除了入智海去发掘能源，还要登山去开采慧山上的能源。登山固然艰难、危险，但是却能从中得到很多益处。为什么许多高僧大德要到山里潜修？为什么不到交通方便、物质丰富的都市去？因为山里面所拥有的物质比都市更丰富。

喜欢登山的张培耕先生曾说："登山的人与久住城市的人，对事情的看法往往不一样。登山者，他拥有广大的天地，心胸开阔，对人间的是非更能坦然视之。"

往圣先贤与高僧大德们，入山隐居修行，一住就是几十年，佛教青年来到佛门，也要立下志愿："多少年不下山，多少年不出山门，等到有朝一日学有所成时，再深入社会去弘法度众。"唯有如此，才能觅得丰富的宝藏。

(三) 信仰可以开采佛性的能源

信仰有什么用处？信仰可以净化我们的身心，可以增进我们的道德，可以升华我们的人格，可以做我们生活的指标，除此之外，信仰还可以发掘我们佛性的能源。

"一切众生皆有如来智慧德性","众生皆有佛性",佛性是什么?是成佛的"能"。这个"能"比原子能更可贵,原子能固然可以改善人民的生活,解决人生的问题,但是,它也可以用来残杀斗争,毁灭人类,可见世间上的东西是有利必有弊的。唯有佛性的能源,是"人人本具,个个不无","有百利而无一害"的。

那么,佛性要如何去发掘?俗语有云:"各人吃饭各人饱,各人生死各人了。"佛性能源的开采,别人不能替代,唯有靠自己用心去开采发掘。要使佛性显发出来,则读书求佛法要认真,诵经礼佛要虔诚,如同开山一样,要一铲一铲地挖,一锄一锄地掘,经过一番血汗辛劳,成功的果实自然能展现在眼前。

每个人必须立志做发掘自己佛性能源的工程师,只是这种工程比一般的修桥铺路、建造房屋更不容易,需要付出长年累月的恒心与毅力。

五、从合群中广结人缘

在团体中生活,如果没有合群的性格,便不能体会团体的乐趣。有些人虽然处在团体里,却很孤独,不论什么人,都不关心,不论什么好事,都不中意。这种冷漠的人,在团体里面,可说是残忍的根苗。学校教育有所谓的"德、智、体、群、美"五育,其中的"群育",在现代社会中是极为重要的。我们身为一个佛教徒,在团体里不能没有合群的习惯与德行。

下面举出三点加以分析。

(一) 人不能离群索居

《维摩经》上说:"佛法在众生身上求。"没有众生就没有佛道,尤其对于思想、意志、立场不一样的人,也要容忍,并要有殊途同归、并肩合作的气度。

英国有工党与保守党两大主要政党,工党因执政太久,保守党就慢慢衰微,此时最担心的不是保守党而是工党,因为如果保守党衰微了,工党在没有敌对党的情势下,就无法再进步。这件事很有启示的意义,对于与我们立场、意见不一样的人,应该心生感谢,因为他们是我们最好的逆增上缘。天下是大家的,不必要求每一个人都和我们一样。而世界既然是千万众生共同的世界,我们怎能离群索居,单独生存呢?

有个故事说:有一天,世界发生了战争,不断地打来打去,战到最后,世界只剩下两个人,由于彼此立场不同,继续再打,结果其中一人死了,只剩下另外一人。当这个人高喊"我胜利了!"的呼声,可是旁边没有任何人可以听到,也没有人分享他的喜悦。他口渴了,想喝水,可是没有水可喝;肚子饿了,可是没有人做面包,这时他才觉醒到世界上应该多留一些人,毕竟自己单独一个人是无法生存的,需要有别人、有团体的存在。所以,一个人离开了团体,是不能单独生活的。

我在高雄创办寿山佛学院时,听说台北有太虚佛学院,由很多人经营合办,而且办得很好。我知道了以后,内心不但不嫉妒,反而很欢喜。我高兴佛教教育日渐兴隆,也高兴有竞争的对手,可以互相观摩,为了不输别人,自己必须更求进步。所以,有人比我们好不是障碍,反而是促成我们进步的增上缘。

现在的基督教除了办医院、学校外,还从事监狱布教及电视宣传。对此,我不但不讨厌,反而从心里感谢他们。近几十年来,佛教界像一头睡狮般慢慢地醒过来,开始从事电台广播、冬令救济、创办医院、筹设学院及宣传布教等社会事业,这都是基督教的功劳,如果没有基督教的刺激,佛教界的人还在老僧入定,没有人想到应该从事社会福利工作呢。

(二)人要靠因缘生存

人所以能存在,是靠众多的因缘关系。佛教界常有一些现象,如这个宗派容不下那个宗派,男众看不起女众,出家人看不起在家人,老的看不起小的。其实这都是错误的,佛教人士是彼此相互需要的。

很早以前,演培法师曾对我说了这么一句话:"某人在某处建庙、起精舍。"

我说:"这事与我们有什么关系呢?"

他说:"我们从此又多了一个地方可以弘法,又多了一个地方可以挂单吃饭。多了一间寺院,就多了一个使佛法振兴的助缘啊!"

的确,佛教要靠众多的因缘才能发展,彼此都是息息相关,大家应该互相提携,彼此合作。

(三)人要靠众缘成就

世界上许多成功立业的人,所以能够成功,并非仅靠自己一个人的力量,实际上,部属也是很重要的关键;因为成功的人,常是由部属塑造起来的。譬如打胜仗而成名的将军，他的伟大，不知是多少部属的血汗付出，所谓"一将功成万骨枯"。佛教界受人崇敬的印光大师，是因为有很多在家信徒，敬仰印光大师而拥护他成为一个楷模；太虚大师所以成为当时佛教界的偶像，是因为那个时代的佛教青年了解大师的抱负，而以他作为效法的对象。

《成佛之道》书中有一句话说："要得佛法兴，除非僧赞僧。"一个人想要成功，首先要广结人缘，所谓"佛道未成，先结人缘"，广结善缘是很重要的。很多有学问有势力的人，为什么做起事来，却处处不顺利？其原因何在？就是因为人缘不够所致。由此可知，欲成就一件事情，必须众缘和合；独木难撑大厦，广结人缘是非常重要的。

六、从悲愿中奋勉学习

学习佛法的目的为何？为什么要学佛法？学了佛法可以赚钱吗？学了佛法就有衣服穿吗？学了佛法就有饭吃吗？学佛法是为了逃避现实，只求做一个自了汉吗？当然不是！我们学佛是为了净化自己，是为了发大悲愿广度众生，是为了复兴佛教。

以下分三点说明学佛的目的：

（一）为净化自己而来学佛

一个人想要学习佛法，如果不从慈悲中去学习，或者不从发愿中去学习，那么学习就没有力量。我们是为了求道而来，不是为床座而来，更不是为自己的安逸而来。佛法无量义，以净为本。佛法再多，如果不能净化自己的身心，就不能与之相应。所谓净化，不仅思想要净化,眼、耳、鼻、舌、身全部都要净化,唯有身心都净化,才能与佛法契合。

(二) 为广度众生而来学佛

学佛,不是为求名利而来,也不是为逃避社会责任而来,应是为广度众生而来。一切的佛法,皆是为对治众生的贪瞋痴等病,所谓八万四千法门,即是为了对治众生的八万四千烦恼。学佛,是为了广度众生,因此,学佛的态度,不能像一般的哲学家,只在文字、理论上分析,口头上空谈,或像一般的历史家,只在历史事项或典籍史料上去考据求证;如此皆脱离了佛法的本义。佛法重视的是众生的实际生活及解决众生的痛苦。所以,学佛必须发大悲心,以广度众生为前提。

(三) 为复兴佛教而来学佛

《成佛之道》一书说:"不忍圣教衰,不忍众生苦,缘起大悲心,趣入于大乘。"学佛,除了为净化自己的身心、广度众生,还要有复兴佛教的悲愿。譬如为了宣扬教法,可以忍苦耐劳;为了维护教团,可以自我牺牲;为了服务众生,可以献其所有;为了信仰佛陀,可以舍身舍命;为了复兴佛教,人人都须发坚固愿,立恒常心。

"国家兴亡,匹夫有责",我们每一个佛弟子也应该有"佛教兴亡,佛子有责"的雄心与悲愿,只要圣教兴,个人存亡在所不惜。如果每位佛子都能有这种悲愿,则衰微的中国佛教,一定能重振昔日的光辉。

佛教青年成功立业之道,分成四篇,每篇各以六点来说明,希望今日的佛教青年,能够实时觉醒,因为时代的重任已经落在青年的肩膀上。为了广度众生,为了续佛慧命,佛教青年应该先从充实自身、改变气质做起,发慈悲心,立坚固愿,相信未来的佛教,即能如丽日中天,光灿寰宇。

1976年6月讲于佛光山"中国佛教研究院"

如何做一个出家人

出了家,应时时摄受自己的身心,如制伏失辔野马,时时不忘自己是大圣佛陀的弟子,要与佛教共患难,尽到佛弟子上弘下化的任务,才不愧是一个出家人。

发心出家,又发心求受戒法,为的就是把出家人做好。受戒固然是出家人的终身大事,但不是受完戒就算数,重要的是如何做好一个出家人。

出家身份非同往昔,和一般世俗人大不相同。佛陀在《佛遗教经》中对出家沙门训示:"当自摩头,已舍饰好,着坏色衣,执持应器,以乞自活,自见如是。"佛陀强调作为一个沙门释子必须严持净戒,不能失去出家人应有的本色。

如何做好一个出家人?以下分为十二点来说明。

一、去傲慢、受委屈

有人说,出了家就是人天师范。的确,出家人是要统理大众的。因此,我们必须了解:越是伟大的人越谦和,佛菩萨都非常慈悲,而傲慢与出家法是不相应的。

一个人傲慢心没有降服,目空一切,就伟大不起来,人格也不能俱全,将来如何成为人天师范?受完戒后,开口闭口就说:"我是受过具足戒的比丘、比丘尼,至尊至贵。""我是学过戒法的法师。""我是师父,大家应该听教于我。"优越感于是兴起,傲慢于是抬头。但是已出家,应自问:有多少的佛法可以度化众生?有多少的慈悲可以济拔众生?有多少的忍耐可以为众生受苦?有多少的能力可以贡献众生?

身为一位人天师范,已具足比丘、比丘尼的条件了吗?徒然拥有出家的虚名,而不能名实相符,成为实实在在的出家人;如果佛教中有许多这样的出家人,佛教如何能兴盛?本身不健全,又如何去度化众生?

很多大德开示后学说"你要知道苦恼。"这句至理名言对于修行人很有帮助。因为,一个苦恼的人,会安分地坚守出家人的本分,不会凭着聪明去为非作歹。所以古人说:"唯智者与愚者不移。"我们宁可做一个苦苦恼恼的惭愧僧,也不做一个傲慢自大、危害佛教的聪明人。知道苦恼的人,对自己的缺点会生起一种惭愧忏悔的心,这股自觉的力量,就能推动我们向善。因此,知道去除傲慢是出家人最大的本领。

如何才能具有去除傲慢的大本领呢?就是要肯接受委屈。这必须有大本领、有坚毅力的人才能做到!到别的道场参学挂单,首先要接受知客师父的百般质询,如果不能低声下气、委曲求全,就不能参学挂单。过去的大德为了要挂单,即使吃了闭门羹,被摈拒门外多日,也都毫无愠色地忍受,为的是能求法参道。譬如浮山法远禅师,就是通过这一关的考验而成大器的。

到外面的道场参学求道，一定先从淘米、煮饭、洗菜等最基本的工作做起；由这些最基本的功夫，磨炼出家人忍受耐烦、禁得起委屈的个性，而成为法器。如寒山、拾得、六祖惠能，就是如此成就他们的人格。所以，出了家要学习从工作中委曲求全，磨炼自己的品格。

出家为僧，僧的意思是大众，所以说佛法要在大众中求，离开大众是不能得到佛法的。也许有人会说："我又不住大丛林，我只要在小寺庙修行，就不必和大众在一起。"即使是小寺庙，也有师父、师伯叔、师兄弟及寺中大众，各有各的立场、见解，如果不能忍耐、接受他们的要求，如何能生活在一起？

真正伟大的人，愈能谦卑及受委屈。田中的稻麦越是成熟，穗子俯得越低；想成为伟大的人，也一定要受得起委屈。好比生铁要锻炼成钢，一定得经过烘烤、锤打；受得起委屈，人格自然能升华，受不得委屈，稍不如意就闹情绪，整日活在烦恼之中，人生有什么乐趣可言？况且出家就是要度化众生，拔除众生的痛苦，把欢乐散播给大家，如果自己老是心情不好，需要别人来安慰，如何去解决别人的苦恼呢？所以，出家学菩萨行，要学习把众生的委屈、烦恼背负在自己的身上。

受委屈就是受气，受气愈多愈能健全，受委屈愈多愈能伟大。在受气、受委屈之中，我们可以体会坚毅、宽容的重要。一个时时需要受呵护、禁不起稍微挫折的人，是永远无法成熟的。所以戒期时，戒师对戒子特别严格：眼睛东张西望就责骂、讲话攀谈就喝打、走路不规矩就惩罚。并不是戒师和戒子有什么不共戴天之仇，非得如此苛薄对待，而是要训练戒子能受得了委屈，成为一个坚强的出家人。

俗话说:"人伦常在忍中全。"世间的人际关系尚且需要以忍耐来成就,何况要成为人天师范的出家人,更应该以忍耐来庄严自己的德行。如果受不得一点委屈,又傲慢自大,即使受了戒,也不能算是一个健全的出家人。

贡高我慢,不能受委屈,不是一个有能力的出家人;有本领忍耐一切的磨难,才是有力量的出家人,就如一艘在狂暴雨中行驶的船只,若能通过巨浪的吹打而不沉没,最终必能到达安全的岸上。因此,要成为一个出家人,首先须去傲慢、受委屈,去除了傲慢,就能虚心地接受别人的教导;受得了委屈,就能温和地克服许多艰难;受得了摧残,才能成器。

二、勤劳务、惜福报

出了家,要把自己奉献给佛教,为大众服务。自古以来,伟大的出家人不是坐着等人来服侍,也不像高官贵族一般差奴遣婢,而是甘心情愿做众生的牛马,为众生奉献生命。

古人说:"业精于勤而荒于嬉。"社会上的人士,如果想开展事业,一定要勤劳工作,运用双手、头脑,努力去经营。出家办道,更应该勤劳务,才能有所成就。农民在春天辛勤地播种、插秧、灌溉、除草,秋天来临,就能收到累累的果实。天底下没有守株待兔、不劳而获的事,社会上的每一个人,对于社会、国家,尚且要负起一份责任,何况我们佛弟子,抛开了家庭,投入更大的僧团,目的是把自己毫无保留地献给大众,怎么可以不勤劳务,而成为社会的寄生虫?

《易经》云:"天行健,君子当自强不息。"大自然是多么勤劳,四时如序更替,万物依时荣枯。要成为世间的君子贤人,必须自强不息,努力不懈,身为人天师范的出家人,怎能懒惰不工作呢?出家要学菩萨大道,菩萨是席不暇暖、马不停蹄的救拔众生的痛苦,解决众生的烦恼。所以,要成为一位堂堂正正的出家人,必须勤劳务,不劳务就不能与出家法相应。平时我们以为打坐参禅、诵经拜佛,才是修行,其实,搬柴运水、种菜莳谷,一样是修行。从实际工作中,可以庄严我们的道行,使我们得到身心的安然自在,对大众也能尽到一份力量,哪怕是扫地煮饭,如果好好发心去做,也能肯定自己的存在。

从工作中我们可以体会到生命真实的意义;从劳动中我们可以品尝到人生真正的快乐;从服务中我们可以了解到人性珍贵的价值。古来的高僧大德,就是在劳务中,把自己融合在佛法与大众里。

譬如大圣佛陀,亲自为弟子缝补衣服,修理门户;百丈禅师树立"一日不作,一日不食"的风格,为中国僧伽留下了楷模,近代的印光大师、太虚大师、守培法师、虚云和尚、弘一法师等,无一不是身体力行,勤劳不息。他们自己扫地、剃头、洗衣,不随意麻烦徒众,终身更不轻易打扰别人。我们的德业有他们崇高吗?我们的修持有他们精进吗?要做好一个出家人,应该学习古今大德们的勤奋工作,以我们的双手、劳力,来庄严自己的国土、道行。

佛陀在世时,阿阇世王以珍奇美物供养提婆达多,佛陀于是告诫弟子们:"芭蕉的心如果饱满,驴子如果怀有身孕,就离死亡不远了;小人如果得到财物供养,离灭亡就很近了。"后来,提婆达多因为骄矜意满,叛教破众,堕入地狱,可见财物危害之大。

我们要体会菩萨的用心,上契历代大德的精神,自己的生活要靠勤劳换取。勤劳的人,永远不会感到贫困;如果勤劳不够,更应爱惜自己的福报,生活所需,当思来处不易。现在家家都有自来水管,用水很方便,但是也不能浪费,没有节制。依佛法说,我们一天只能用7斤4两水,以此标准来要求现代人,洗脸都不够呢,比起古人我们所浪费的福报实在太多了。虽然水费不高,但是任何东西,都是物力维艰,对于一粥一饭、一羹一菜,要时常想着其来源之不易。

有一首描写农夫耕种的古诗:"锄禾日当午,汗滴禾下土;谁知盘中餐,粒粒皆辛苦。"我们生活所需,无一不是靠着社会大众的分工合作,搬运输送才能获得,我们有什么福德,堪受如此的护持?若不珍惜福报,实在愧对大众。好比在银行存款,只知挥霍,不知储蓄,等到钱都支空了,怎么办?平时不知惜福,等到福报用尽,用什么道粮来资养自己?就如天人福报享尽,还要再来轮回受苦。所以饭前五观想,就是在警惕我们不可浪费福报。

古代的大德高僧,爱惜福报有加。在《高僧传》中记载:高僧们如果不是阅藏看经,绝不轻易燃蜡烛;不是拜佛课诵,绝不随便穿鞋走上佛殿;不是供佛待客,绝不轻易加一样菜。一件衣服,一穿就是一二十年;一袭袈裟,一披就是一生。他们生活力求简单,名利力求淡泊。一条毛巾,用了几十年,破烂不堪,仍然舍不得丢弃;一张床,睡了几十年,吱呀作响,依然睡卧无忧。身为出家人,应自问,能够像他们一样惜福吗?

我年轻时所参学的大丛林,住众、学生有好几百人,但是一星期下来,字纸篓里面,找不到垃圾。现代寺院的垃圾箱,常常一会儿工夫,垃圾就满了。现在的人,需求增加,浪费的物质就多了。

别人常会对我说:"你真有福报!"我觉得不是我有福报,而是惜福报。我的福报从哪里来?你们吃剩的残羹剩饭,我觉得是珍肴美味;我穿着鞋子,爬山作工,一穿几年也不容易坏,因为我训练自己,穿的时候,脚步要放轻,小心爱惜;天气热,我也不吃冰淇淋、可口可乐,因为我不愿把钱花费在这上头。

在最初参学的十年中,我从来不曾看过、听过"水果",更遑论吃了,现在虽然有水果,也不会特别想吃,因为我没有需要的习惯;对于纸张,我舍不得任意丢弃;平时衣食只求御寒果腹,不求豪奢,更不曾想到要添置屯积,因为没有购买的欲望。我认为身为出家人,要有爱惜福报的美德。

惜福不是悭吝,是对自己要求严格,不浪费财物,不劳烦他人;但是对别人要有供养心。唯有珍惜福报,自我要求严格的人,才会宽容待人。我们应该常常思维:自己有何功何德?从孩提时代,父母含辛茹苦养育我,师长不孜不倦教育我,社会人群源源供给我,国家民族保护我。出家了,受到三宝的加持,常住的摄化,而我们对父母、师长、社会、国家、三宝、常住,能有什么贡献?若还不懂得爱惜福报,发心劳务,那么形虽出家,也永远求不到佛法。

戒律上记载:如果有信徒供养出家人,即使30里路远,也要去应供,否则就是懒惰僧。佛陀的用意是:想吃饭就要多受辛苦,勤劳才能和众生在一起。不知勤劳,不懂惜福,如何做好一个出家人呢?

三、有热忱、爱佛教

有的人出了家,冷漠不热情,这是很不好的恶习。许多佛教徒最初接触佛教时,常觉得佛教好冷漠,出家人对在家人爱理不理的。虽然出家人要注重威仪,不随便嬉笑,但并不是呆若木鸡,毫无表情,或者冷如冰霜,没有笑容,出家人应该把慈悲、祥和表现出来,使信徒觉得和蔼可亲。

有人说:"出家人不能有感情。"出家人不是不能有感情,而是要净化感情,转化感情,把私情净化成爱众生的大有情,把贪爱物欲的情念,转化成爱护真理的热忱。出家学佛,先学习爱护佛教,学习爱护众生;不爱佛教,不热心卫护佛教,还算得上是佛教徒吗?

《梵网经》说:"菩萨闻外道恶人,以恶言谤佛戒时,如三百矛刺心,千刀万杖打拍其身。"菩萨爱道护教,不遗余力,只要佛教存在,自己肝脑涂地、粉身碎骨也在所不惜。由此可见其爱教之真切。

今日的佛教,最大的弊病,就是自私自利,宗派观念及门户之见过于根深蒂固;人我分际、地域观念,牢不可破。目睹这些现象,能忍心袖手旁观吗?佛教教育不能普及,能不发心奉献吗?佛教慈善事业不能开展,能不发心从事吗?出了家,要拿出青年的热忱,为佛教做一番事业,如同太阳给大地温暖般,无私地爱护我们的佛教。

也许有人会说:"我是小人物,救佛教、救众生是大法师的事。"不可以如此妄自菲薄。俗语说"国家兴亡,匹夫有责",同样地,"佛教兴亡,佛子有责"。出了家,就要以佛教为家,以佛法为依归,一般世俗人,尚且爱他们自己的家,如果我们不知道爱自己真理之家,不是比世俗人愚痴吗?佛教是每一个佛弟子的依靠,人人都应该有"护教卫道,舍我其谁"的气势,怎可分人我彼此,推诿责任呢?每一个佛弟子,都应该把佛教的利益建立在自己的利益之上;宁可自己吃亏,也不让佛教损失,不如此就不是佛弟子。事实上,唯有佛教兴盛,佛法发扬,佛弟子才能存在。因此,每一个出家人,都应把身口意奉献给佛教。

常听人说:"我已经献身给佛教了。"懂得为佛教奉献一切固然很好,但是更要常常自问:"我现在究竟能献给佛教什么?"过去我们所谓的佛,就是自觉、觉他、觉行圆满的圣者;现在我们所谓的佛,是有热心、有慧心、有悲心的人。身为佛弟子,要学佛之行,与佛并肩,也要具备热心、慧心、悲心,把自己和佛教合为一体;不能合一时,也要以佛教为第一,我为第二。以佛教的兴衰为自己的存亡,以众生的苦乐为当先的急务。常常自励:我是否有足够的悲心慈悯众生?我是否有无比的热心为佛教努力?佛教的前途我是否关心?佛教的弘扬我积极从事了吗?把爱佛教的热忱激发起来,只要佛教能兴隆,即使以身殉道,也毫不遗憾!这才是身为现代佛弟子应有的本分。

四、发信愿、真修行

《华严经》云:"信为道源功德母。"佛法如大海,浩瀚无比,唯信能入;佛道如高山,崇高无匹,唯愿能达。我们不妨扪心自问:对佛教的信心已经具备了吗?相信教主佛陀拥有完美的人格吗?相信他是宇宙第一大觉完人吗?相信他可以救度我们脱离苦海吗?相信跟随他,人身就不会沉沦吗?对于佛法教理都能信受奉行吗?

对佛法的因果业报是否毫无怀疑、至诚恳切地相信呢？是否真的用心探讨佛法、发心弘扬光大呢？是否对僧团贡献出所有力量，并有信愿使它健全呢？有了信愿，一切才能完成。有信愿，好比船只有了动力，能迅速到达目的地。

信愿是趋向佛道的力量。初入佛门要坚定大信心，相信自己所选择的是宇宙无上的真理。对佛法产生坚定不移的信心之后，就要勇往直前，即使是千万人阻挡，也毫不退缩。《大般涅槃经》云："有信之人则名可治，定得涅槃。"对佛法起大信心，就能依着佛菩萨的教诲，乘着信心的舟筏，到达涅槃的彼岸，所以信是一切善根的种子。若对佛法不能深信不疑，对佛法所指导的一切，自然无法接受，如何能获得大自在呢？好比一个病人，对医生充满信心，听从医生的诊断，自然药到病除；如果对医生不相信，不敢服用他所开的药方，病如何能好？所以，学习佛法，信心很重要；要正解信乐大乘经典，并且终生受持读诵。

有了信心，更要发愿。愿力好比时钟上了发条，准时行走；愿心像一股力量，是推动一切的热能。譬如每天拜愿忏悔，无始以来的罪业，就可以借着这股愿心所产生的力量，及虔诚的忏悔心而洗涤干净。所以，发愿很重要。历来诸佛菩萨发下多少恢宏大愿，庄严了无尽的国土，也引度了无边的众生。

发了誓愿，仿佛立下功课表的学生，给自己增加了责任，就会努力完成。对于四弘誓愿，我们扪心自问：是否真的实践了？做到了几分？出家学佛，若想在佛教中植根深厚，就要培养坚定不移的信愿，对佛法深信不动摇，发大愿努力从事弘法利生的工作。

慈航法师在汐止办学时，曾担心自己圆寂后，弥勒佛学院的经济来源短缺。于是，发愿圆寂后要肉身不坏，让信徒来瞻仰。如今慈航菩萨的肉身还供奉在汐止，受人礼敬，愿力使他成为万人景仰的高僧。过去以来的诸佛菩萨，无一不是从其愿力中成就的。无愿力一切都是虚浮的，没有信愿，稍遇魔障就退心，即使受戒持戒也会大打折扣。

佛教讲信解行证，对佛法具备大信心，发下大愿力之后，更要确实力行，从教理教义去解证，或从拜佛、禅定、工作及生活中修行，没有实际去修行，即使发了信愿，也是没有作用，好比已上弦的弓箭，若不发射出去，永远无法射中鹄的。

如何真实修行呢？修行并不是容易的事。诗云："坐破蒲团不用功，何时及第悟心空。"在佛殿礼佛时，眼睛虽然看到佛像，但是心中真的有佛吗？念佛拜佛，真的与佛同在吗？诵读经典，真的感受到与宇宙的真理合而为一吗？穿衣吃饭，是否怀着感恩的心？行住坐卧，是否时时都有威仪？芸芸众生的苦，犹如切肤之痛，发心济拔吗？无明烦恼时，有痛下决心破除吗？如果肯用心体会，脚踏实地用功夫，才能进入佛法的堂奥。

许多人都能熟记四弘誓愿："众生无边誓愿度，烦恼无尽誓愿断，法门无量誓愿学，佛道无上誓愿成。"但是却没有人敢说："我要度无边众生，我要断无尽烦恼，我要学无量法门，我要成无上佛道。"必须当仁不让，当下承担，才是有信愿、真修行的人。

五、改习气、养威仪

有句话说："江山易改，本性难移。"这个"本性"，依照佛法来说就是习气。受戒持戒容易，但是要改掉习气很困难，所谓"积习难返",就是这个意思。习气不改,威仪就无法庄严,所以改习气、养威仪,对于一个出家人是很重要的。

有人会认为:"我很好啊!没有恶习呀!"其实,自己身上有没有一些习气,往往自己都不知道。所谓"习气",是已经习以为常,而变成自己的一种气质,所以没有自觉性。譬如有的人喜欢嬉笑,就是习气;有的人烟瘾很大,抽烟虽不犯戒,仍然是习气;有的人喜欢嚼槟榔,满地乱吐,吃槟榔虽然不是罪过,只是一种嗜好,但还是恶习。

习气,也是一种爱恋执着。有的人一定要穿某一种质料的衣服,喝什么牌子的牛奶,用什么名牌的物品,这些都是不好的习气。有的人睡觉要有固定的床铺,换个地方就睡不着,这也是坏习气。有的人早上不吃饭,只以零食点心果腹,凡此,不好的习气,实在太多了。甚至有些出家人喜欢用花露水,吃人参补药,这更是要不得的恶习。习气不改除,清净的佛法是不能进入心中的。好比装了秽物的器皿,干净的食物如何装入?唯有去除恶习,才能长养威仪、师范人天。

养威仪特别注重"养"这个字,即威仪要靠自己在日常生活中慢慢培养,别人是帮不上忙的。良师益友等善知识,虽然可以不时从旁纠正提醒,但也无法老是跟在身边,还是得靠自己细心揣摩、用心修养。有人出家好几年,还不时哼唱流行歌曲,这就是坏习气、没有威仪。有的人出了家,不弘法利生,到处攀缘流浪,应酬交际,这也是坏习气、没有威仪。

去除恶劣的习性很难,而保持优良的德性更不简单。例如佛学院的同学,虽然历经三年折棉被、整理内务的严格训练,一旦毕业离开了，很快就故态复萌，脏乱一如从前。三年如此长久，尚且难以保持，何况只是接受短短两三个月的戒期仪规，更容易忘记。因此，不仅在戒期中要整理好内务，小心训练走路，使威仪具足，出了戒场，也要保持行住坐卧的威仪，使其成为生活的一部分，则举止言行，自然充满威仪。

古人云"身教重于言教"，威仪比说教更容易度人。在《阿含经》中记载：有不少外道，对佛法毁谤不已，但是看到佛陀的庄严相好，却身不由己地皈依佛门。现在有不少人，也是看到出家人威仪的外表，因仰慕而走入佛门。所谓"身教感人之深，深入其心；言教服人之利，止乎其口"。当信徒看到出家众排着整齐的队伍进入殿堂，他们也会自动排队，鱼贯进入大雄宝殿拜佛，这就是一种无言的教化。所以长养威仪，对化导众生是重要的功课，所谓"风行草偃"，出了家要着力于威仪的长养，不可掉以轻心。

有人认为习气只是个人的缺点，与威仪没有什么关系。佛经上记载：见思惑的烦恼容易断除，而习气不容易净涤。有不少罗汉虽然证得果位，但是习气仍然未除。譬如苦行很深的大迦叶尊者，平日严行谨言，不苟欢笑，但是喜极的时候，却会手舞足蹈；《阿弥陀经》里的憍梵波提尊者，不管吃饭与否，嘴巴终日咬嚼，如牛反刍；道行很高的金碧峰禅师，眷恋金钵不舍，贪心执着，差点丧命；也有证果的罗汉，如女人一般，喜欢揽镜自照，这都是因无始以来的习气使然。

习气是趋向无上佛道的绊脚石，作为一个出家人，必须改掉习气，将行住坐卧的三千威仪、八万细行，仔细揣摩，做得尽善尽美，像佛陀一样，累劫以来修好"三十二相，八十种好"，而圆满无缺。

想去除恶习,要在生活中多加注意,不娇宠自己。例如当身体略有不适时,不一定非得打针服药及吃补品,除非身体虚弱,非得靠补品来滋补身体,否则,不要养成进补的习惯。我过去受戒的戒场有好几百人,53天的戒期,虽没有医疗设备,但也没人生病。在我丛林参学的10年当中,物质匮乏,没有医务室,也不曾有人需要看病,人人身体健康,主要是大家心理健康,不养成依赖物质的习惯。所以,如能健全自己的心理,去除习气、长养威仪就不困难了。

六、除嫉妒、宽心量

佛教的出家僧团与社会的各行各业不同,社会上同一种行业叫同行,同行之间,竞争激烈,以打败对方、赢得顾客为目的。佛教不称为同行,称为同道、同修。所谓同道,就是共同走在真理的道路上,好比搭乘在同一条船上,行至江心,如果船上的人有二心,一定会覆舟灭顶。所以,佛教中的同道是亲家而不是冤家,彼此之间应该休戚与共、患难同当。

放眼今日佛教人士,互相友爱慈悲的固然不少,互相仇恨嫉妒的也不在少数。有些佛门中人心态不正常,见不得人好,又幸灾乐祸。自己不做的事业,看到别人积极从事,非但不加以赞叹,还给予恶意的诽谤、指谪,甚至是致命的打击。

譬如某人致力于佛学教理研究,就批评此人没有修行;某人专心修行,就批评此人不会办事;某人做事明快,就挑剔此人不够周密。在这些人的心目中,别人永远是错的。其实,这种幸灾乐祸的态度,是嫉妒心在作祟。因为别人的事业显赫,相形之下显示自己的贫乏,自己没有能力办到,也不想积极去做,所以看到别人的成功,由羡慕求不得而变为嫉妒中伤。这种同归于尽的心理,是阻碍佛教进步的因素。

许多人以为阻碍佛教进步的是外教,事实上,最不希望佛教兴盛的反而是我们佛教中人士。例如某人发心为佛教兴办一所大学,去密告阻止的是佛教人士;某人在海外创建佛教道场,接待世界佛教人士,给予攻讦非议的还是佛门中的人。目前的佛教界鼓励者少,毁谤者众;嫉妒使得佛教不能兴盛。过去有人说"中国像一盘散沙",而佛教也如散沙般不能团结合作,甚至如藩镇割据,各立门户。古德说:"要得佛法兴,除非僧赞僧。"我们这一代的佛弟子,应该放下成见,去除嫉妒,以随喜的心,来赞叹别人的成就。

作为一个健全的出家人,应该学习古德,宁可说自己不好,也不说别人不好;宁可赞叹别人,也不嫉妒别人。佛陀说:"心包太虚,量周沙界。"虚空法界都包融在我们的心中,民胞物与,无所不容,何况是与我们同心协力、有志于佛法大业的同道,有什么不能包容呢?所以,要做好一个出家人,必须把嫉妒去除,把心量放宽,能容纳别人,别人自然也能接纳你。

几十年前,我曾到日本的道场访问,日本人对我说:"你们台湾佛教的宗派虽没有我们日本多,但是你们人派之多,实在令我们望尘莫及。我们日本没有人派,只有宗派,各宗派之间,彼此竞相发展,但互不妨碍。例如你的宗派开创一间医院,我的宗派就兴办一所学校;你的宗派创办杂志,我的宗派就推行丛书、译藏经;你的宗派建设 3000 多平方米的讲堂,那我就建 6000 多平方米;你的宗派举行法会,有 10 万信徒参加,我的宗派就要有 20 万人参加。所以,我们日本的佛教,只在事业上互相竞争,不在人我上互相破坏。"由外国人口中,让我们客观地看到了中国佛教界的弊病。

中国佛教在隋唐盛世时,各宗派纷立,如百花齐放,众鸟争鸣。各派祖师大德,生于同一时代,如禅宗惠能、律宗道宣、法相玄奘、华严法藏、天台智𫖮,大家为了佛教,在教理上各自专一精研,并不彼此互相破坏,因而形成中国佛教史上的灿烂黄金时代。若想把佛教回复到隋唐时期的光辉蓬勃,首先须把出家人做好,去除嫉妒,放宽心量,坚守本职,赞叹别人。春天的时候,万紫千红,百花芬芳,彼此争妍斗丽,把春天装饰得多么华美!在佛教中,大家愈有成就,愈是佛教兴盛的气象,这是我们佛弟子所共同希望的,应该予以鼓励、赞美,不应嫉妒、排挤;互斥只会灭亡,只有互助才能共存。

七、避讥嫌,远世俗

出家人由于身份特殊,容易引人注目,因此要特别注意自己的言行举止,以避免不必要的讥嫌。过去,有一次我搭乘火车到台北,在车上用便当,因为便当内的菜非常像肉,于是退还给服务人员。有人说:"我们又不是吃肉,有什么关系。"但是当时素料食物并不普及,很容易让不知情的人,误以为出家人也吃荤。

此外,尽量避免到一些非素食的小吃店用餐,虽然我们不吃鱼肉,但是踏入这种场合,总是易惹人讥嫌,让一些尚未亲近佛法的世俗人,对佛教产生误解。古人云"君子远庖厨",何况是出家人,更应该远离这些讥嫌。有时看到一些出家人也出入市场买鱼蛋,虽然是买来喂猫狗,但是别人会批评:"出家人也贪图刍豢甘旨",由于很难对所有的人一一解释,所以,与其亡羊补牢,不如防患未然,不要招惹讥嫌。

出家人最忌让人议及男女的是非,譬如一个男众、一个女众,单独在一起,有说有笑,虽然是谈论佛法,但看在别人眼里,很容易引起误会。出家人对于这种讥嫌要尽量避免,男女众不可单独在一起。有时候看到一些年轻的出家僧尼,到电影院看电影,虽然看的是教育片,总是会招人侧目。有时在寺里看电视,让信徒看到了,以为法师没有拜佛诵经,不离娱乐,纵然只是看一会儿,也容易引人误会。

作为一个出家人,要时时记住自己是个舍弃世俗享乐,追求佛道的人,不能失去自己应有的身份,使佛教蒙羞。譬如有的人回俗家,或者到信徒家,看到小孩子很可爱,抱抱逗逗,别人会认为你心中还眷于情爱。因此,出家人不可以抱小孩,更不可涉足娱乐场所。

出家人要有为教争光的荣誉感,要为教争光就应避嫌,要避开讥嫌,就应有舍离世俗的心。平时常住在寺院里,不轻易涉足世俗之地;与信徒保持距离,引度他们到寺院来亲近佛法,即使是很拥护你的信徒,也不轻易拜访;不随意到百货公司,少上街买东西。总之,少出门,远离喧哗尘嚣,将身心安住在道场。

尤其刚出家不久的人,道心尚不够深厚,不可以在人口众多处居住,必须住在山林、僧团及可学处,等到植根厚实,才经得起考验。有的人,人虽在僧团,心却在世俗,不像个出家人。所谓出家人,最基本的条件,就是能够远离世俗之家,连这点都做不到,遑论出三界之家。现在,佛学院的学生往来信件比老师多,一个住众的电话比住持频仍,这样与世俗太接近并不好,不但易惹来讥嫌,甚至会退失道心。佛弟子迦留陀夷喜欢流连于世俗,引来不少讥嫌,甚至差点吓死善施的孕妇。佛陀因此制定过午不食的戒律,并且训示弟子,不可以太接近世俗,因为世俗的声色犬马,容易使人退失初心。

有些出家人,已割爱辞亲,远离父母了,却还认干爸爸、干妈妈及干兄弟姐妹,不知道是什么心理?作为出家人,宁可孤独,也不与世俗人结亲攀故,本末颠倒。既然出家受戒,就要守得住清净、寂寞、孤独,不能安于孤独、远离世俗,身心就无法安住在佛法之中,形虽出家,又有什么法乐可言呢?

八、勤学习、为度众

出家的目的,是为了度化众生,而众生有各种不同的根器,因此度众也要有种种的方便。有的人以为出了家,只要诵经拜佛修行就可以了,不必学习技能。菩萨有无量的方便,如果不多加学习,是无法度众的。

如果懂得医理,行医就是度众的方便;教书、办教育,这也是度众的方便;会唱诵敲法器,可以透过梵呗、音乐与信徒取得共鸣;善于烹饪,煮一桌好吃的素菜,可以和信徒结善缘;字写得好,可写佛教偈子送人,也是度众的方便法门,如弘一大师时常写字送人,深得信徒敬爱。会种花种树,将花草送给信徒,怡养身心、陶冶性情,花树也能变成度众的方便;会写文章,著书立说,文字就成为与信徒之间思想交流的桥梁。因此,学习得越多,在佛教中度众就越方便。

古人说:"活到老、学到老。"学问永无止境,要不断吸收新知识，化为种种的方便。譬如现在全世界各佛教间，彼此交流频繁，如果懂得英语、日语，语言就成为佛教发挥力量的方便；懂得建筑工程、水电设施，就能帮助道场的兴建。所以，学习愈勤，懂得愈多，就能为佛教付出更大的力量，度化更多的人。

出了家，不要急着出风头。当住持、当家没有什么了不起；做师父收徒众，也没有什么了不起。年轻有志的出家人，受了戒之后，要努力充实自己，把自己安住在一个地方，好好学习各种度众的方便。年龄大的人，可以找一个清净的地方念佛修行。总之，不是在智慧、知识及学问上用功夫，就要在修行上去着力。

做一个好的出家人，不是受了戒就算了，没有经过十年八载的磨炼，不容易把道学好。出家度众，任重而道远，好比出远门，如果不事先把资粮准备好，一定无法到达目的地。青年僧伽们如果不趁年轻的时候，好好积蓄道粮，为将来弘法利生作准备，如何担负如来家业？

佛教今日之所以不能有更大的发展，就是出家人太急于表现，不能养深积厚、长期规划地磨炼自己；犹如幼苗尚未长成，就急于砍伐使用，当然不能植林，更无法冀望有蓊郁的丛林了。美国发展太空探测，也是经过多年的计划、多次的试验，才有今日的成功。度众，是重大的任务，怎么可以不养深积厚、勤奋去学习各种方便呢？

九、应节俭、要知足

一般人只知道对于金钱要节俭、物质要节俭，却不知道节俭尚有其他意义。作为一个出家人，自然在金钱物质方面必须节俭，即使身无分文、身无长物也不要紧。此外,对于感情、时间也同样要节俭。

既然出了家,就不可以浪费感情,乱用感情,更不可自作多情。众生最大的愚痴就是多情。一旦被感情所牵系,就无法脱离生死苦海。感情太多,好比泛滥的河流,会造成灾害。对感情不能淡薄一分,道念就不能增长一分。所以想学道,就要学习淡情。道家尚且说"太上忘情",更何况我们佛教!

佛弟子应以"把感情净化为慈悲"的态度来面对感情。感情是个人主观的好恶,是自私的;慈悲是完全为大众着想,是无私的。所以,世界上慈悲越多,人类就越和平幸福;感情越少,纷争就愈消弭不生。身为一个出家人,首先要淡化感情,去除私情,发挥佛教大慈悲的精神,三根普被,行化济众。

除了要节俭感情,更要节俭时间。时间就是生命,不爱惜时间,就是不爱惜生命。古人尚且珍惜寸阴,我们怎能不把握时间,好好修行办道呢?

一般人通常有凡事喜欢拖延的毛病。比如修行,我今年很忙,等明年再来修行;办佛事,今天事情太多不办,明天再办。什么事情都推拖到明天、明年,像这样不知道爱惜时间,就是浪费生命。

人的生命短暂如朝露,今天脱鞋上床,谁能保证明日能再穿上这双鞋呢?今天是最实在的,明天只是个永远无法把握的虚幻日子。所以,我们平时要养成一种观念:无论做什么事都要赶快,为善唯恐不及,所谓"今日事,今日毕"。普贤警众偈中说:"是日已过,命亦随减。如少水鱼,斯有何乐?当勤精进,如救头然,但念无常,慎勿放逸。"要时时想着:"我只有今天!"善加节俭时间,利用时间修行办道,才是懂得生命意义的人。

想节俭时间、节俭感情,须先从节俭金钱物质开始。出家人即使没有钱也不会妄求,金钱对于求道者,不但没有帮助,有时甚至是障道的因缘。过去有人上佛光山来随我出家,想把他家里的电视机、电冰箱也一起带过来。我对他说:"你不能出家,因为你的东西太多了。"

"我自己不用,给常住大众使用。"

自己不要,献给常住,那也不行。因为当你看到有人在吃棒冰时,马上起心动念"那是从我的电冰箱里拿出来的";听到电视机的声音,立刻便想"那是我的电视机"。像这样心中天天挂碍着电冰箱、电视机,怎么还有心思修道呢?

佛光山有位徒众,家人因为他出家了,想送他一栋房子,让他好好修行。我听了,加以劝阻,因为他的父母若这样做,这个弟子将做不好出家人。譬如,我稍微教训他两句,他会说:"我受不了啦!我要回去住自己的楼房。"我责骂他两句,他会说:"有什么了不起,我身边有的是钱,此处不留人,自有留人处。"于是另谋他处,半途而废。所以,出家人的东西越少越好,没有了世俗的东西,佛法才能长养起来。出家人对于财物不但要能节俭,最好是没有,所谓"置之死地而后生",断绝世俗上一切可能的因缘,自然能在佛法中安住身心。

如果福德因缘很好,东西富足,也要广结善缘,布施与人。不要储蓄,储蓄多,对于一个出家人是很危险的,出家人应该是"财贫道不贫"。

出家人平时生活要知足；知足的人，即使睡在地狱也好比天堂，无一不是善处；不知足的人，就算睡在天堂也好比地狱，一无是处。古人云"知足常乐"，知足的人，即使穷无立锥之地，因对物质没有丝毫攀缘希求的心，自然不觉得缺乏。梦窗禅师说："知足第一富。"要做一个富贵的人，先要养成知足的观念。

数十年来，世界一直存在能源缺乏的危机。最主要的能源为石油，没有石油，汽车不能行走，工厂不能作业，一切只好停顿，所以，世界不能没有能源。但是，真正的能源在哪里？就在人的心里。

佛教说："万源归一心。"心是一切的泉源，心有无限的宝藏，取之不尽，用之不竭，没有恐慌的时候。如果能知足，不假外求，返求诸己，我们会发现：这颗心可以成佛作祖，这颗心可以拥有三千大千世界。宇宙星辰为我们而闪亮，奇花异卉为我们而开放，我们是天下最富有的人，除了此心，还有什么值得去攀求的呢？我们心中的东西那么多，不知道珍惜、探掘，还有什么比这更颠倒的呢？因此，作为一个出家人，除了要节俭，更要知足。

十、有自制、不放逸

出家后最大的弱点，是没有自制的力量。面对金钱的诱惑，没有自制力，很容易被买动；美色当前，没有自制力，很容易被迷惑；冤家仇敌碰头，没有自制力，瞋恨一起，就火烧功德林。有不少出家人，只因别人随便讲一句话，就火冒三丈；随便一点困苦折磨，就茶饭不吃，不理睬人，时时被情绪所左右着。出家本来是要度众，解决众生的烦恼，自己却动辄眼泪鼻涕不断，愁容满面，自己都没有力量度化自己,哪里还有力量去化导别人?

作为一个出家人,应该在心中时常想起:"我何许人也?我是大圣佛陀的弟子,我是人天导师,怎么可以儿女情长,不能自制呢?"一个出家人,如果一切都要仰赖师长教导,时时需要朋友安慰,凡事要求别人帮忙,何年何月才能长大呢?已受具足大戒,成为人天师范,应该能自制自强,并担负众生的困苦。

出家人应该在思想上、精神上、意志上去冶炼自己,使自己迅速地成长、坚强,培养自我克制的能力,去除过去的陋习。过去轻浮、浪漫,由于现在已是受过具足大戒的比丘、比丘尼,要知道检束自己的浪漫轻浮;过去嬉笑、贪玩,而今已是住持大法的沙门释子,不能再如此嬉戏;过去没有定力,七情六欲形诸于外,今后身为人天师范的出家人,要加以克制自己。时时想着自己的身份不同往昔,以坚定的自制力量,时时摄持自己的六根。

能够控制自己的人,就能不放逸。儒家有"君子不欺暗室"、"不愧屋漏"之说,这种慎独的态度,即是有自制不放逸。能够控制自己的七情六欲,时时不放逸,即使温香软玉抱满怀,也不会怦然心动;纵然黄金美屋,双手奉献给你,也不会生起贪念。只要一想到"十目所视,十手所指",君子之过如明月,人人皆见,还敢觊觎妄想吗?儒家尚且如此小心翼翼,佛道又怎能不更谨慎自己,时刻做到不放逸吗?学佛道上,不必假外力的牵制,直接观照诸法无自性,自然不会放纵自己的情欲;了知因果轮回的道理,自然能不放逸,而时时精进。

如何才能不放逸?就是一切言行都光明磊落,可以公之于众。有的人讲话窃窃私语,怕别人听到,一定是此人有不可告人之事,这就是放逸不自制。书信日记怕人阅览,一定是此人有什么隐私,这就是放逸不自制。做事怕人知道,行住坐卧神秘莫测,一定是此人行为不正,这也是放逸不自制。作为一个堂堂正正的出家人,应该凡事光明正大。孟子云:"仰不愧于天,俯不怍于人。"把一切的秘密去除,做到"书无未曾经我读,事无不可对人言"。无一事不可对人言谈,如此就是自我控制不放逸。

十一、不争论、无怨恨

一般人所以有争执,是因为我执未除。出了家的人,如果"我执"很强,必然很容易引起争论。譬如有人指责你做错事,于是气愤填膺,回答说"我没有做"、"我没有说"、"我不服气"、"你如此冤枉我,我要和你拼命!"仇恨心如此重,是一个好的出家人吗?你骂我,我恨你,彼此怒目相向,动辄拔刀相对,这样还算是修道者吗?出家学佛,要学佛菩萨的行径;佛菩萨即使受到侮辱,也能以甚深忍辱波罗蜜,坚忍不动怒。

佛陀成道后,外道为了破坏佛陀,把女子装扮成孕妇以诬蔑佛陀,但佛陀并不愠怒,也不加争辩,谎言后来不攻自破。佛菩萨对众生加诸身上的侮辱,总是以慈悲怜悯来接受。众生以诽谤诬赖为乐,菩萨就以慈心布施他们;真理最后自然不辩自明。所以,作一个出家人,要学习放弃执着,不坚持己见,即使受到诽谤,也不反击;受得了摧残,才能成为法器。

有不少出家人,我执虽容易去除,但是学佛之后,又多了一重法执,而且,学佛愈久,法执更是根深蒂固。譬如你和他讨论问题,他就说"我以为如何……""我听人说,这个道理应该是这样的……"

"经上记载……",一切一成不变,不能圆融变通。

再如各宗各派之间的仪规、走路行进的样子,可以争论很久;拜佛礼忏的仪式,可以争议不息。各宗各派,扬己贬他,门户宗派森立,格格不入。在印度于是有部派佛教之歧异,在中国则有十大宗之纷立。宗派的别立形成,固然有利于对佛教教理作一派深入的阐扬,但是,对于整个佛教的综合统一,未尝不是一种阻碍。趋而末流者,今日佛教界人士,彼此之间狭隘的地域、门派的争论,乃至利害争斗,成为佛教兴隆团结的致命伤。

言谈行事能远离争论,才是一个出家人。若有人好议人非,则远离此人,如畏鬼神;某地好武斗狠,远离此地,如弃火宅。没有争论的人,没有争端的地方,才有佛道。

佛光山1977年的传戒,创下模范戒期的诸多记录,我个人以为这些都没有什么了不起,有一项记录我觉得难能可贵,就是戒场中没有争论。譬如三师之间和气相处,没有争论;总开堂和引礼师之间,如仪教导戒子,没有争论;整个戒坛,一团和气。戒场的庄严与否,从有无争论就可以看得出来。

要做好一个出家人,不论别人待我们如何苛薄狠毒,转头即忘此人的缺点,不能耿耿于怀,把别人的不好,一直记放在心中;心量如此小,如何负荷佛法大业呢?心中污秽如此多,如何进入清净之道呢?所以,一个出家人,应该无隔宿之仇,不怨恨、不争论,脸上无瞋、口中无瞋、心里无瞋,能够如此,离佛道就不远了。

十二、淡亲情、求内证

出家人割爱辞亲,为的就是要求得佛道。古人想要光耀门楣,声播海内,总会离乡背井,求取功名;现代学人,想要学有所成,得负笈他乡。出家人要证得佛果,一定要离开家庭,到各道场去参学,或是住在山林茅蓬里潜修。因此,作为一个出家人,最基本的条件,就是能够舍离眷属,淡化亲情。

有些出家人已经出家了,还是常常回到俗家。哥哥结婚,回去一趟;妹妹出嫁,回去一趟;叔叔的儿子满月,伯伯做生日,也要回去。亲情如此浓,如何有心求道?

出家人对亲情的表达不是以回家与否,来博得家人的欢欣。《礼记》:"大孝尊亲,其次弗辱,其下能养。"儒家认为:生时赚钱奉养父母,甘旨承欢无缺;死时慎终追远,结庐三年,极尽哀伤,只是小孝;必须光大门庭,名闻宇内,荣及父母,才算是大孝。但是这对佛教而言,仍然只是中孝,出家人要尽的大孝是:自己证道,了生脱死,并拔济父母出于三途轮回的痛苦。佛陀的母亲,因佛陀证得正等正觉,而得生忉利天。我们也应好好修行,修得正道,使父母也因此而得度。

我在出家受戒后的最初30几年,一共只回俗家3次。我的俗家,离我出家的常住非常近,吃过早饭后回去,于午饭前赶回寺院都还来得及。但即使是这么短的路程,我也不轻易回去。在我青年参学时期,我当了6年的行堂,从来不曾因出门回家而不和大众过堂,并不是我没有亲情观念,而是我要把身心安住在寺院,好好参学。

从我出家以来,我很少见到我母亲,离开大陆之后,更是关山阻隔,音讯杳渺。后来我从朋友口中,终于间接听到我远在大陆的母亲捎来一句话:"30多年来一直不知道你的存亡,也不知道你在台湾。阿弥陀佛,现在知道你还活着,好好地做一个出家人,我至少可以再活10年。"当时,我的母亲已是耄耋之龄,当她知道我还安住在佛教中,使得她有信心再活10年,她如此欢喜,我也很欣慰。作为一个出家人,表现孝行,不一定要经常回家,把出家人做好,才是真正的孝顺。我虽然不常回家,但是我的亲族都认为:我最孝顺,因为我做到了一个出家人应有的本分。

一个出家人,若不能忍耐孤单寂寞、远离世俗,名虽出家,实际不是出家。出家贵在能求内证,而求内证的功夫,是一种"前不见古人,后不见来者"寂天寞地的磨炼;经过这种大死一番的实证之后,外界的斗换星移,再也动摇不了我们。所以,内心有所证悟很重要,好比种植树木,扎根坚固,自然能抵抗风暴。

有的人出了家又还俗,这是因为心里没有丝毫的证悟,不能体会佛法的妙乐,自然无法安心于佛道。如果对修行曾经努力用功,内心有所证悟,杀了头也不会背叛佛教的。因此,一个出家人要从佛法中求证身心的安止。

过去我在戒场中,受到百般的折磨,这些对我日后有着极大的帮助。我初到台湾,生活困顿,吃饭没有着落,有很多人帮我介绍工作,有人推荐我去当记者、编辑、电台广播员,但是戒期中所给予我的折磨,使我有力量把出家人做好,因为辛辛苦苦求得的具足大戒,怎么可以轻易舍弃?世间的一切都不值得珍贵,只有袈裟披肩才是最难得的。

几十年来,我所受的苦难、逼迫、排挤、伤害,一言难尽;但是我不曾动念想离开佛教,因为我从佛法中所体验到的法乐,使我对一切的痛苦,甘之如饴。出了家,应时时摄受自己的身心,如制伏失辔野马，时时不忘自己是大圣佛陀的弟子，要与佛教共患难，尽到佛弟子上弘下化的任务，才不愧是一个出家人。

1977年12月讲于佛光山

青年僧伽的十无思想

出家生活应从"无"的上面入道,
无,是无限、无量、无穷、无尽。

在家人,过的是红尘的生活;出了家,过的是清净的生活。在家时,以世间法为主;出家后,以出世间法为主。舍俗出家的僧伽,要重新建立出世的见解,扬弃世俗的旧观念,建立佛道的新思想。

出家生活应从"无"的上面入道,无,是无限、无量、无穷、无尽。在佛法的无尽宝藏里,如何享受"以无为有"的佛法,以下提出十个"无",让青年僧伽在出家的道路上,能建立自己的思想体系,在佛法的生活上,真正安住身心。

一、无财之富

一般人都希求发财富贵,希望拥有世间有形的财产、土地、物资等等。出家人虽不求世间的财富,但也一样要拥有财富,这是与世间财富不同的"无财之富"。什么是佛教的"无财之富"?

(一) 正见是我们的财富

出家人要有"宁可没有钱财,但不能没有正见"的认知与实践。出家学道如果没有建立正见,必然有"既入宝山,垂手空归"之叹。什么是正见?即确认佛陀所说的佛法是真理,这就是正见,三法印是正见,四圣谛是正见,十二因缘是正见,因果业报是正见,三十七助道品是正见,分别善恶圣凡是正见。

在修学佛法的生活中,有了这些正见,才会有财富;有了这些正见,才不会贫穷。今天有些学道的人,尽管住高楼,拥有存款,但仍很贫穷,因为他们没有佛法、没有正见,他们的所有所见都走了样。

(二) 智慧是我们的财富

"宁可无财,也不能没有智慧",所谓的"智慧"就是指佛法的智慧。没有智慧,尽管做了许多善事,修了许多人天福报,仍然不能开悟成道。所谓"修福不修慧,大象披璎珞",有福无慧是愚痴,纵然有人天福报,也非究竟。所以"宁可无钱无财,有般若智慧而死,也不要无智无慧,光有富贵荣华而生"。智慧,是从听闻中而"闻所成慧",从思考中而"思所成慧",从修行中而"修所成慧"。从闻、思、修之中,才能入三摩地,获得般若正见。

(三) 品德是我们的财富

宁可在世间做一个庸碌无能、无财的人,也不做一个没有人格、没有品德之人。出家人无钱无财并不可耻,但无品无德会遭人轻贱。出家人要以淡泊、随缘的品德来生活,以慈悲、忍耐及因果观念的品德来做人处世,以发心精进、奉献服务的品德来修道。

出家人要学习的佛法很多,"忍"是很重要的修养。忍穷、忍苦、忍难、忍饥、忍饿、忍冷、忍热都还容易,"忍气"却很难。做人处世,对委屈、不平、气恼必须忍耐。佛陀说成佛要"三祇修福慧,百劫修相好";想修成相好圆满就要先修忍。忍,可以消灾免难;忍,可以成功立业;忍,是成道的力量;忍,是修行的财富。

一位出家人未来的功德及佛道的成就,就看忍的力量有多大?看忍的功夫有多高? 因此,举凡佛教的修行法门,如四无量心、四摄法、六度波罗蜜等,都可以作为出家人的品德,这些品德就是出家人的财富。

(四) 信仰是我们的财富

信仰是七圣财之一。所谓七圣财,就是信心、持戒、惭、愧、闻、施、慧,这些都是我们的财富。信心门里有无尽的宝藏,有一分的信心就有一分的财富,十分的信心就有十分的财富。"佛法大海,唯信能入",出家学道首先须建立信心,这里的信心指四不坏信,即对三宝绝对无疑;对三法印、四圣谛的法,绝对无疑;对常住、僧团绝对无疑;对出家未来的道行绝对无疑。

有时候,我们会为了不喜欢某个人,为了不爱听某句话,为了不满意某件事,就把信仰轻易地放弃,那么,信仰对你就没有价值。《华严经》云"信为道源功德母",信仰是无价的财富。"再多的世间财富,利诱不了我们的信仰;再大的威力权势,也阻吓不了我们的信仰;再多的好意盛情,也迷惑不了我们的信仰",必须建立这种不动摇的信仰,才能在佛道上迈进,成为佛门中最富有的人。

出家人虽不欣羡拥有世间的财富，但是要羡慕拥有正见、智慧、品德、忍耐、信仰等财富；这才是出家人的"无财之富"。

二、无求之有

人总是会有所求，求功名、求富贵、求事业顺利、求眷属平安，总是追求这样、追求那样，希望这个、希望那个。俗语说"人到无求品自高"，尤其是出家人，更要过无求的生活。什么是无求的生活？"内证"即是无求的生活，内心有所证悟，有所体验，自然不必向外追求。过去黄檗禅师对于万法现象的态度，是"不着佛求，不着法求，不着僧求，当作如是求。"他以无求为求，而行一切道。有些出家人，虽然出了家，最后却流失到红尘里，为什么？因为他没有内证的体验，心中没有佛法，经不起外境外缘的冲击，抗拒不了世俗物欲的诱惑。假如自己内心有修证，自生法乐，法界一切，都在心中；我不求外人给我钱财、给我利益，我的内心就能拥有宇宙的一切。

孔子的学生颜回，"居陋巷，一箪食，一瓢饮，人不堪其忧，回也不改其乐"。为什么？因为他心里有"道"；佛陀的大弟子迦叶尊者，在冢间、水边、林下禅坐修行，他安然自如。为什么？因为他心中有"道"。所以，既然有福气、缘分来到佛门，也剃除了须发，换上了僧衣，内心要有证悟、要有道。人情的冷暖，世间的是非，有什么要紧，各种的得失、荣辱，都不足挂齿，能如此证悟，就是无求之有，就能安住身心。什么是"无求之有"？

（一）享有是无求之有

我们不一定要拥有，但要懂得享有。出家人不一定非要拥有自己的寺院殿堂,别人有寺院,一样很好,可以挂单、可以沾光;别人有学问,我可以跟他参学,可以享有他的才学;山河大地、花草树木,虽然不是我的,但我可以遨游其间,参禅行道;佛教事业虽然不是我办的,但我是佛门弟子,也为佛教的兴隆同感高兴;我虽不会说法,但是别人讲经,我可以参与讲席,其乐融融。世间的一切,只要你享有它,就拥有了万事万物,这就是出家人的享有,享有就是无求之有。

(二) 宽容是无求之有

心中能包容多少,就能拥有多少,心中有多大,所拥有的世界就有多广。再多的金银财宝,若不是自己的,不会觉得它宝贵;再多的建设、再好的设备,由于不是自己的,也不会留恋。"梁园虽好,不是久恋之乡",但只要是我的,就算一个破板凳、破椅子、破床铺,我也会好好爱护它;长了癞疮脓包的皮肤虽然肮脏,但因为是长在我的身上,我会好好洗涤、上药及爱护,因为是我的,再不好我都能宽容。

世间的一切,就看你心中的宽容有多少,便能拥有多少。世间人岂止只有我的父母、兄弟姐妹、朋友、同学及我心中的众生而已?若能把一切众生当成是我自己,把世界当成都是我的,这世间就没有一个贫穷、孤苦的人了。

(三) 结缘是无求之有

世间的人,生活过得顺不顺利,就看你有没有人缘。如果没有人缘,今天找张三,明天托李四,种种要求不一定能如愿。在世间,登天难，求人更难，但你有人缘，很多事情都可不求自有。你想要财富，缘分若不到，即使历经种种辛苦、种种艰难，也不会是你的；如果有人缘，即使你不想、不要、不求，也会送上门来。

所以，出家人不攀缘，只要结缘，不必向外有所贪求，只要广结善缘，因为人缘就是无求之有。缘，有条件的意思。世间一切，是无法单独存在的，必须因缘条件都具备才能成功。只要广结人缘，人缘自然会给予我们无求之有。

（四）满足是无求之有

所谓"知足常乐，能忍自安"。"满足的人，睡在地上犹如天堂；不满足的人，虽居天堂，亦如地狱"。世间谁是富人？谁是穷人？就看他能不能满足。许多在世界富豪排行榜上占有一席地位的人，他们真是富有之人吗？如果拥有几百亿元、几千亿元的财富，但心里不能满足，仍然是穷人一个。学道的人在金钱物质上虽然贫乏，但因为能满足无求，满足就能带来无求之有。

满足及感恩是出家人在任何时刻都应该有的心境，一间斗室之地能满足，一张椅子、桌子能满足，一双草鞋能满足，一个蒲团能满足，日中一食也能满足。只要能满足，就能获得无求之有，过着世界上最富有的生活。

三、无情之慈

世俗上讲爱，要有爱心；佛教中讲慈，要有慈心。世间的情，容易让人感情用事，看到某人就顺心、欢喜，这就是世间的情爱。众生叫"有情"，是因为它是以情爱为生命。世间束缚力量最大的就是情爱,情爱会困惑我们,使我们不能自由,不能超生。童年的时候,有父母之情;长大了以后,有夫妻之情;老年的时候,有子女之情;甚至有朋友、同乡、同事之情。情爱如火,情爱的一念,会障蔽我们的智慧,所以要从情爱里超脱出来。

青少年时期我所受的是专制式的打骂教育,但我从不觉得有什么不好,反而感谢师长。因为在打骂里,我得到许多教诲与慈悲;在委屈、专制里,我有更深刻的体会及成长。过去在丛林里读书、受戒,老师都是以"无情"对我们的"有情",以"无理"对我们的"有理"。我们众生都有自以为是的道理,在丛林里,就是要把这些自以为是的道理打得没有。

人们都喜欢讲关系、套交情,这样可以优待一点,但在丛林里讲关系,就只有"铁面无私"及"无情无义"。现在的戒子一进戒坛,有许多同参道友帮忙,有引礼法师来接待,这究竟是一种福气?还是一种缺憾?过去在丛林里受戒,有理三扁担,无理扁担三,这是"以无理对有理",不论有理、无理,全都以犍槌供养,这就是"打得念头死,许汝法身活",在无理面前都能屈服低头,在真理面前,还会不服气吗?从表面看来,打你是毫无情义,实际是大慈悲。我觉得自己很幸福,能在犍槌下体会出这许多无情的大慈悲。哪些是无情的大慈悲?

(一)无缘是无情之慈

人与人之间,都讲究缘分,不论是父母、兄弟、朋友或同学,只要觉得有缘分,就肯对他们慈悲。其实,真正的慈悲是"无缘大慈,同体大悲",你与我没有关系,不是我的同窗、同乡、亲朋、故旧,只要有苦难,我就帮助你,对你慈悲;过去虽然没有因缘,只要有困难,我就协助你、给你方便。把别人都看成是我自己身体的一部分,有缘能行慈悲,无缘也能对你慈悲,这才是真正的无情之爱、无情的慈悲。唯有如此,才能进入菩萨无边的大我之内。

(二) 无偿是无情之慈

无偿,是不求别人偿还,不求别人回报。如果斤斤计较自己说了多少好话,而对方没有一句好话回报,或者给人多少帮忙,但对方都不给予帮助,这便落入了有偿、有报酬的心。有偿是有目的、有奢求、有贪欲的;无偿才是无求、无贪、无对待的。出家人的慈悲是不讲究报偿,只有以无偿之心度化众生,才能行无情之慈。

有偿,是有对待的有情慈悲;无偿,是无对待的无情慈悲。有偿的情爱是有限的慈悲,无偿的情爱才是无限的慈悲。父母棒打儿女,看似无情,实是大慈悲;国家的刑罚,看似无情的制裁犯罪者,但实际是对社会大众的慈悲。"看似无情更多情",就是无情之慈。我们欣赏有情的慈悲,更要欣赏无情的慈悲。

(三) 棒喝是无情之慈

过去的佛门丛林,禅师对弟子们不是打就是骂,即是一般常说的棒喝教育。棒喝教育看起来是无情无义,实际上是大慈悲。多少的高僧大德,在棒喝下成就;多少的修行者,在棒喝下成道。有名的临济义玄、德山宣鉴禅师,都是以锐利的机锋来接引学人,所谓"德山棒如雨点,临济喝似雷奔",才有后来"临济儿孙满天下"的千古佳话。

现在的佛门弟子,少有祖师人才出现,就是因为现在的人经不起棒喝,经不起打骂,经不起这种无情的慈悲。一般办佛学院,最缺乏的是训导师资,便是因为担任训导老师是件吃力不讨好的工作,辛苦的帮助及辅导学生,反而遭学生怨恨,因此没有人愿意做训导老师。其实,愿意从事训导工作的,都是深具大慈悲心的人呢!

(四) 无相是无情之慈

我们对于一切事物,都很着相。讲究你和我有什么关系?有什么交情?你是怎样对待我的?但这都只是从有相上去认知,没有在形相之外去体会,因此不容易学到佛法的内涵。《金刚经》说:"凡所有相,皆是虚妄。"有相是有情,有情的慈悲不究竟,无相是无情,无情的慈悲才是究竟。

过去栖霞山的名誉住持雪烦和尚,是我当年就读焦山佛学院时的院长,在我参学的那三年中,他没有跟我讲过一句话,偶然碰面,也只是用眼睛瞪我。后来我才听说在所有学生当中,他最欣赏的就是我。虽然雪烦和尚总是瞪我,但我还是一样恭敬他,为什么?因为我感觉到他瞪我,并非恶意,而是慈悲!我们若能在无情里,体悟出更大的慈悲,才会有佛法。

四、无欲之乐

快乐,是人人所希望的。出家人的快乐是无欲之乐,世俗的人以五欲六尘为快乐。五欲是财、色、名、食、睡,六尘是色、声、香、味、触、法。出家学道之人,不以"欲"为快乐,而以"无欲、没有欲望"

为快乐,所谓不着色求,不着声、香、味、触、法求。什么是无欲之乐呢?没有人我的执着,没有是非的烦恼,没有情欲的冲动,没有无明的迷糊,总之,就是没有污染的、罪恶的欲望。哪些是无欲之乐?

(一) 禅悦是无欲之乐

出家学道,在生活中如果没有禅悦,身心就不能在佛法中安住。禅悦是一种信仰的喜悦、安静的喜悦、发心的喜悦、自我内心的喜悦。如果没有禅悦的体会,会觉得欲乐宝贵,而佛法不宝贵。所以,要从经典、劳务、生活、打坐、念佛中,体会佛法的妙味,获得禅悦法乐。《维摩经》说:"吾有法乐,不乐世俗之乐。"法乐,就是禅悦。没有禅悦,世间的金钱会压倒你,感情的洪流会冲没你,有了禅悦,自然就有无欲之乐。

(二) 佛心是无欲之乐

佛心即是我们的心,也就是佛的心。把佛心印在我们的心里,我的心与佛的心一样,有觉照、有慈悲、有光明、有清净佛心。我的心如皓月,我的心如莲华。所谓心心相印,光光相照,所谓佛心就是我的心如菩萨,我的心如佛心。如果我的心能跟佛一样,我就有佛的自在乐、解脱乐、法乐乐。这个佛心,是超乎一切人我,泯灭一切对待,斩断一切生死,断除一切有无。佛心是慈悲、是智慧、是平等,是无欲之乐。

(三) 喜舍是无欲之乐

信徒以财布施为重,出家人以法布施为重。什么是法布施?

就是以心、以法、以理、以力、以言语来有利于他人。布施的方式可分为：有钱的出钱，有力的出力，有口的出口，有心的出心。没有钱财，可以用力气来帮忙；没有力气，可以讲好话，说佛法；不会说佛法，以心来欣赏、祝福别人，这便是心香一瓣的施舍。以教义、佛道传人，以心为对方祝福，希望对方好、希望对方大、希望对方高、希望对方有成就等等，这都是喜舍。

世间上的人，纵使布施结缘，总有冀望回报的心理，因此，也是一种贪心，而不是喜舍。喜舍，像阳光普照大地，是不需要回报的。但现在的人，尤其是某些中国人，常有嫉妒、不喜见人好的劣根性，看到别人好、别人很快乐，心里便不欢喜、瞋恨、嫉妒，这是人类的恶习。佛法给我们一片慈心，要善用这片慈心，行善行施以有利于他人，这就是一种无欲之乐。

（四）无为是无欲之乐

梦窗国师说："知足是第一富，无病是第一贵，善友是第一亲，涅槃是第一乐。"什么是涅槃？涅槃是无为法。凡世间有所为、有所想象、有所分别、有所增长的，都不究竟；只有无为的、本来的、不需有作为的净乐，才是涅槃之乐。佛陀当初在金刚座上菩提树下，夜睹明星而成正觉，所证的就是涅盘。涅槃，有圆满、不生死、超越、没有生灭的意思，它能使人们脱离尘世的苦恼，提升到一个解脱的境界。

没有出家的人，想要寻找快乐，总是找不到；出家了，不必去找快乐，快乐自然随出家而有。未出家时，以发财为快乐，其实"人为财死，鸟为食亡"，有钱会招致灾祸。有爱情会快乐吗？夫妻的恩爱,情侣的情爱,固然有刀口之蜜的甜味,但其中的烦恼、是非、瞋恨、不如意也多。有事业会快乐吗?有人为了事业,抛妻弃儿,终日为经济不景气而烦恼。世间的学问会令人快乐吗?学问也会带给人烦恼,有知识而没有智慧,有欲望而没有道心,怎么会快乐呢?所以,世俗有欲的钱财、爱情、事业、学问等,都不是真正的快乐之道,唯有无欲才是快乐之道。

如何获得真正的快乐呢?修行需从无欲的生活做起,六和的僧团,才是真正无欲的快乐之道。僧团以和平、安乐、清净为本,清净无欲就是快乐。佛陀的弟子跋提,舍弃王位出家修行,常在树林叫着:"快乐啊!"佛陀问他为什么快乐,跋提说:"过去我是王子,吃珍肴美味,却食不甘味;每天有卫兵保护,却天天恐怖。现在出家修行,托钵乞食,却甘之如饴;没有守卫,却不怕有人谋害,如今的生活,才是真正的快乐!"这便是清净无欲之乐。欲望越大,痛苦越大;欲望越小,痛苦越少。我们要去除人我污染的欲望,提起善法的欲望,追求佛道、菩提、般若智慧及空无的生活,这才是出家人"无欲"的生活。

五、无住之家

《金刚经》云:"若心有住则为非住。"又云:"不应住色生心,不应住声香味触法生心,应生无所住心。"出家,要出有住之家,要住无住之家。父母之家是有住之家,贪爱之家是有住之家,执着之家是有住之家,人我之家是有住之家,三界之内所住之家皆是有漏之家、烦恼之家。既已出家,就要出三界之家,出烦恼之家,要住在无家之家。顺治皇帝赞僧诗:"天下丛林饭似山,钵盂到处任君餐。"

这不是无家之家吗？所谓"一钵千家饭，孤僧万里游，为了生死事，乞化度春秋"，这不也是无住之家吗？哪些是无住之家？

（一）法界是无住之家

出家，是出三界之家，出生死之家，出烦恼之家，出名闻利养的束缚之家。我们要以法界为家，法界是无穷的天上天下，是无边的宇宙虚空，是超越的山河大地，是究竟的无相真理，法界就是出家人的家。从佛、菩萨、声闻……乃至地狱、饿鬼、畜生的十法界，都在我们一心之中。能证悟佛菩萨的法界，就能究竟解脱；能证悟二乘人以上的法界，就能自在快乐；能不舍三恶道的法界，也能随遇而安。"处处无家处处家"，法界之内处处为家，菩萨以一切众生为家，在这世间出家，怎能不处处为家呢！

（二）虚空是无住之家

天上的太阳住在哪里？太阳当然住在虚空之中。由于太阳住在虚空，所以能普照十方，能温暖大地，能使万物生长；十方诸佛亦住在虚空之中，所以其法身遍满虚空，充满法界，因而能佛光普照，度化群生；菩萨也因住在虚空之中，才能"千处祈求千处应，苦海常作度人舟"。无住才是真住，无住才能无所不住，才能成就菩提，证悟法身。因此，诸佛菩萨所住的虚空，就是我们出家人的无住之家。

发心出家，要志在佛道，愿在十方，到国际上弘法，到偏远地区传教。佛教徒必须先有地球人的观念，再有虚空人的胸怀，因为虚空是僧侣的无住之家。

(三) 无私是无住之家

如果有自我的私心,就有所住;如果无自我的私心,就无所住。无私的人,每个人都好,这人也好,那人也好,这里也好,那里也好,天下都好。我们的心住在哪里?就如《金刚经》上说的,我们的心,大都住在我相、人相、众生相、寿者相里。因为四相不除,所以有人我是非,万般计较;四相若除,则万里晴空,毫无窒碍。

《金刚经》里又说,我们的心住在色、声、香、味、触、法的六尘上,此六尘会覆盖本性,使真心成为欲尘的奴隶。要将心住在佛道的上面、住在般若的上面、住在超越时空的上面、住在超越人我的上面、住在无私无欲的上面。出家了,如果还住在过去的人我是非、得失荣辱和烦恼上面,仍是未真正的出家。所以出家要住在无私之家,亦即无我之家。

(四) 自然是无住之家

出家安住在哪里?当然安住在自然里,"高高山顶立,深深海底行",与大自然同在。大自然的道理,生也好,死也好,冷也好,暖也好,生老病死的流转,春夏秋冬的运行,甚至生住异灭,成住坏空,都是自然的法则,当然的原理,世间的实相,我们应有这种心量和认识。

我们要住在哪里?要住在慈悲般若中,住在禅那定力中,住在精进戒律中,住在大自然里。佛法中任何一处皆可安住,大自然任何一地都是好地,何必安住在不究竟、天天变化、跳动变异的世间呢?应安住在不变无住之上。"犹如木人看花鸟,何妨万物假围绕",只要无心于万物,何妨万物假围绕,自然就是无住之家。

无住就是不执着于是非、人我、得失,而能超越是非、人我、得失。佛教所以衰微,是因为大众没有佛法,只有口头上的佛法、口头上的慈悲、口头上的修行。有些人自以为在修道,实际上毫无佛法,身为出家人,必须用心体会无住的真义。

六、无安之处

要找一个住处,什么地方最好?平安之地?安全之地?安乐之地?如果出家人这么想就错了,这是自了汉!一出家,马上找安乐的地方,这是错误的。没有种植,怎么会有收成?出了家,要先学习结缘,学习奉献,学习吃苦,学习住在无安之处。

曾有一位信徒说:"基督教的神职工作者,称为牧师,牧师就是要牧羊、要工作、要度化众生;佛教的出家人,叫作僧宝,是住在寺庙给人供养的,所以佛教没有力量。"这虽是偏激的想法,但事实上,佛教里确实有人就是不肯奉献、不肯牺牲、不肯普度众生。所谓菩提心是"上弘佛道,下化众生",既不能上弘又不能下化,怎会有菩提心?没有菩提心,就没有佛法。所以出家,必须找出一个住处,一个"无安之处"来成就自己。什么是无安之处?

(一)苦难是无安之处

严寒冰霜下,唯见梅花挺拔;浊秽污泥中,独显莲花不染。修道的人,要在苦难的地方,坚毅意志,来成就佛道。释迦牟尼佛诞生于娑婆世界,在五浊恶世住世,即因为苦难中容易成就佛道;地藏王菩萨到苦难的地狱度化众生,他们都以苦难为安乐。我们修道者,要有不惧苦难的意志,热时往有火的地方去,冷时往冰寒的地方去,才能见到佛法的真谛。

佛陀十大弟子中的富楼那尊者,想到输屡那国去,佛陀问:"去做什么?""去度化众生。""那里不能去,那里的人很凶暴,他们会骂人。""骂我没关系,只要他们不打我就好了。""会打你啊!""打也没关系,只要不把我打死就行。""会打死你啊!""那正好,我就将生命奉献给众生,也奉献给佛陀,了却我此生学道的心愿。"富楼那尊者即是具有不畏苦难、牺牲奉献宗教情怀的圣者。

古代高僧大德,都是为求法、传法、克己、度众而不辞苦难的人,如玄奘、法显的西行求法;鉴真 60 岁目盲,仍为广传戒法东渡日本;真谛为译经弘法,流亡飘泊中国 20 多年;智舜为修禅观,刺股制心等,都可以作为我们的楷模。所以,现代的出家人学道,不要只求安乐,应从苦难中长养自己的道心,锻炼自己的意志,来成就道业,即所谓"不经一番寒彻骨,怎得梅花扑鼻香"。

(二) 异乡是无安之处

偏远的异乡,要经历语言、风俗、文化、生活习惯的考验,也是无安之处。出家人出了家,要以大众为家,以弘法利生为家,以精进求道为家。所谓"处处无家处处家",必须没有地域观念、没有异乡观念。

东汉时期的摄摩腾、竺法兰,远从中印度到中国,只为译经弘法;日本最澄、韩国义湘,千里跋涉至中原,只为学习大乘教法;在四川出生的马祖道一及在广东出生的石头希迁,继承惠能大师禅法,将佛法扩展到江西、湖南一带,这都是祖师们为了求法度众,不辞辛劳到异乡的实例。近代的铃木大拙,把禅法传到西方国家,也是抱持这样的精神。

20世纪70年代,佛光山正在美国筹建西来寺,慈庄法师和依航法师在时局不稳中,到处拜托人签字,透过几万人联署,美国政府才知道有这么多人需要一座寺院,因此才批准佛光山建西来寺。在这10年的奋斗中,两位法师克服种种困难,冲锋陷阵,与许多不认识的人周旋,备极辛苦,但最后寺院落成,也不曾说西来寺是我的。所以,在异乡的无安之处,才能使人更成长。

(三) 刀兵是无安之处

刀兵中有流血之危、生命之险,所以有战争的地方,就是无安之处。佛光山常有韩国的军中布教师来访问,他们都是一些年轻的大学毕业生,且全都是出家人。韩国的每个军营里都有一位布教师,专为将士们解决烦恼,并鼓舞士气。他们必须在军中布教几年以后,才能被寺庙肯定而升级。日本的高僧、大和尚,甚至基督教里的牧师,也大都是军队里的布教师。

唐朝隐峰禅师,某日见到有两军人马正在厮杀,急忙上前劝阻,但双方都不予理睬,禅师便将锡杖丢掷于空中,以神通异象,阻止了一场杀戮。南北朝时战乱连连,当时的石虎、石勒雄踞一方,嗜杀成性,杀害许多无辜百姓,西域高僧佛图澄为了度化这两位魔王,解救生灵于涂炭,于是入军营中现身说法。出家人应具备他们这种不畏苦难的精神,到刀兵里弘法,以佛法减少世间的杀戮。

(四) 忙碌是无安之处

动乱、忙碌也是无安之处,有的出家人会嫌出家生活太动荡、太忙碌,那么他出家的目的为何?是为享福,还是为服务众生?佛陀说法40余年,讲经300余会,从未安闲过。苦行意志的锻炼,是修行很重要的体会;在安乐清闲里是不可能成道的。

有的人认为佛光山太忙碌,不愿意来佛学院就读。忙,不好吗?参与开山的建设,是很伟大的事情;参与弘法的活动,是很光荣、有意义的事情。若要清闲,几十年后,睡在棺材里就能清闲了!人要让自己忙碌,生命才会充实;让自己忙碌,才能忘掉自我,成就道业。今日的佛教,不但要团结、要统一,更要动员忙碌起来,才能使佛教有前途、有希望。

七、无人之众

无人之众,是以大众为众,而无个人之众。众,每个人都想拥有,但不应该以众为己众。众,不是我个人的,我也是众中的一个。将徒众看成是我个人的,这在佛光山是不允许的。佛光山的长老慈庄、慈惠及慈容法师,已出家数十载,如果在别的寺院道场,早就有徒弟、徒孙,甚至连徒曾孙都有了,但他们现在连一个徒弟都没有,为什么?因为佛光山不想因瓜分徒弟,而分散佛教的力量。以大众为众,即是无人之众。哪些是无人之众?

(一) 佛子是无人之众

出家人同是佛的弟子,你不属于我,我也不属于你,虽然佛门有僧伽伦理,有师叔、师伯、兄弟,还有法系传人、同戒、同参,但这一切都只是因缘关系。"三分师徒,七分道友",不能执着你我彼此的关系。佛门伦理的最高境界,应为无人之众,不能动不动就说:

"这是我的弟子"、"那是我的信徒",其实信徒是三宝弟子,不属于某一个人所有,若是将信徒归于个人,便会成为私人群众,而不能为佛教所公有,所谓"依法不依人",佛教徒应为佛教所有。

目前具有现代化眼光的师父都很开通,明白时势所趋,纷纷将年轻弟子送进佛学院深造,甚至送往国外留学,培养佛教人才,使弟子成为佛教所有,不为自己的藏获。魏晋的道安法师,遭逢冉闵之乱,为续佛命脉,分散徒众,不但把佛法菩提种子传播十方,也使佛陀教化广被大众,此即还徒于教,让佛子成为众人之众,无人之众。

(二) 法侣是无人之众

共同修学佛法的同参道友,称为法侣,这是以法为侣、以法为友。泰国很尊重袈裟,即使僧皇犯罪,也要先脱下袈裟再定罪,因为袈裟代表法。历代祖师的传承,皆曰传法,有所谓"衣钵相传";无法,关系也就断除了。所以,不能以法为友的人,就不再是法侣。

有的出家人业障现前,不能安住于佛法,想还俗回家,因为没有佛法,还俗是很正常的事。但其他不还俗的人,不能偷偷地与其来往,替他做一些违法的事情。以前我的一位同学还俗,后来他托人传话,希望与我见面谈话。我说:"没什么可讲的,道不同不相为谋。过去友好是因为有佛法,你已无佛法,我们也没什么好谈了。"出家人必须以法侣为无人之众,建立这种以佛法为重心的宗教情怀。

(三) 道友是无人之众

出家人以道结交,没有道,便不为友。有道的人,才有佛法;有道的人,才不会烦恼;有道的人,具有正知、正行,是我们的善知识。

有戒行的人,是我们的道友;有般若的人,是我们的道友;有慈悲的人,是我们的道友;有正见的人,是我们的道友。因此,所谓道友,就是戒行,就是般若,就是慈悲,就是正见。如果没有这些,何来道友?所以道友是无人之众。受三坛大戒时,以佛陀为得戒阿阇黎,十方诸佛作为教授阿阇黎,以一切菩萨为同学法侣。例如普贤菩萨十大愿,恒顺众生,普皆回向;地藏菩萨"我不入地狱,谁入地狱;地狱不空,誓不成佛";观世音菩萨寻声救苦,苦海慈航;文殊菩萨,法王之子,吉祥度众。这四位菩萨,悲智愿行,都是我们的法侣道友,可以指导我们、策励我们一起在佛道上精进。

对于无道的人,应当断绝。无道的人,就像身怀兵刃的人,随时让我们有杀身的危险;无道的人,会使我们失掉慧命、失掉善根。所以学道的人,应谨慎择友,以有道之友作为我们的无人之众。

(四)无我是无人之众

我,是个体;众,是全体。若人人皆以我为最大,就无法凝结为众,产生力量。无我才是真正的大众,无我才是真正的因缘,六和僧团就是无我的精神。佛教不是属于某一个人的,佛教是大众的。出家人应以常住为我,以大众为我,进而修学无我,才能进入无人之我的境界。今日是一个集体创作的时代,佛教今后要兴隆,教内必定要团结,才能共同树立佛教的新形象。大家必须有无我的精神,无我才能团结。佛光山开山至今,能有今日的成就,便是因为佛光山的宗风是"常住第一、大众第一",也就是无我第一。所有海内外的佛光人,势必一条心,只有共同成就,没有个人的凸显;所有一切佛教事业的推展建设,光荣归于佛陀,成就归于大众,利益归于常住,功德归于檀那。

八、无悔之心

这个"悔",指的不是忏悔,而是懊悔的意思。一般人做事,往往事前不计划、不留心、不考虑、不审慎,事后懊悔。所谓"菩萨畏因,众生畏果",菩萨与众生不同,菩萨慎于始,不随便造因;众生作恶,造因不怕,一旦果报现前,再懊悔就嫌迟了。

出家修学过程中有十事须后悔:

1. 逢师不学去后悔。
2. 遇贤不交别后悔。
3. 事亲不孝丧后悔。
4. 对主不忠退后悔。
5. 见义不为过后悔。
6. 见危不救陷后悔。
7. 有财不施失后悔。
8. 爱国不贞亡后悔。
9. 因果不信报后悔。
10. 佛道不修死后悔。

出家人要有无悔之心,举心动念都不懊悔,念念是正,念念是佛。对人,要做到对人的道义;做事,要尽到做事的责任。下面略举几项来说明:

(一) 语言要有无悔之心

语言人人都会说,但真正懂得语言妙用的人并不多。《论语·

子路篇》说:"一言以兴邦,一言以丧邦",端看是不是能妥善运用语言。有人以语言做功德,说出来的话,都是善言良语,都是爱语、柔软语,都是使人欢喜的话,都能合乎道义真理,所谓"此方真教体,清净在音闻"。但也有人以语言造罪业,说的都是巧言令色、坏人信心的话。十戒中有不妄语、不恶口、不两舌、不绮语,如果犯了其中任何一项,不但犯戒,得不到大众的信任,也破坏好人好事,且有堕地狱的危险。佛陀曾告诫佛子罗睺罗:"妄语的人,就像器具覆盖,永远无法装进清净的善法。"所以要谨慎言语,才不会生出懊悔之心。

有些人讲话,话已出口了才说:"啊!我不该说,我不该告诉你。"既然不该说,为什么又要说呢?其实"事无不可对人言,话无不可对人说",只要是正当的话,所谓"真语者,实语者,如语者,不妄语者,不异语者",说了也不要紧,只怕说了损人害己的话,事后才后悔。我常说:"我这一生为承诺而忙碌",即是对自己说出来的话负责。

(二) 发心要有无悔之心

发心的内容很多,例如发心出家、发心工作、发心修行、发心读书、发心弘法等等。发心要发广大心、最胜心、无对待心、大愿心,才能长远持久;如果发心只是情绪的、他力的、对待的,便无法久长。发心出家,必须有学习如何做好一个出家人的最胜心,不要在修道上一遇烦恼痛苦,就难过懊悔当初的发心。发心工作,却嫌这个苦,嫌那个重,怨别人没有给予奖赏,给予鼓励赞美,连最初的发心也懊悔了。或者发心弘法,又嫌事情多、嫌难、嫌苦、嫌信徒没有供养、没有恭敬,这都不是真发心。

既然发心,就不要怕事多,肯牺牲吃亏,有困难我承担,吃苦我不怕,没有人赞赏,没有人知道,这都没关系,因果自然会知道,佛祖会知道。唯有不求回报,不着于相,不为人知,不作比较,不作算计的发心,才不会懊悔。所以,必须培养修行、信仰的力量,发心才有用,凡事没有不发心而可以成就的。

(三) 交友要有无悔之心

朋友,是人生道义之友。《论语》说:"君子以文会友,以友辅仁。"是说朋友间经由学问、教养而互相影响。孔子又说交友的道理,是"忠告而善道之",这是说朋友有了过错,要忠心劝告,并好好引导他。

《佛说孛经》里说朋友有四种:有友如华、有友如秤、有友如山、有友如地。如华的朋友,你富贵,他把你戴在头上,你贫穷,他把你丢弃在地上;如秤的朋友,你有办法,他低头,你没办法,他就昂头;这两种是势利之友。真正的朋友,如山,供鸟兽聚集;如地,普载万物。

出家人要以道为友,以法为伴。你有佛法,我就跟你交往;你有道,我就跟你学习。因为你有道,我甘愿为你服务,情愿为你效劳;因为你有佛法,我愿意与你同甘苦、共患难。如春秋时代的管仲与鲍叔牙,就是能相辅相成的善友;鸠摩罗什与慧远虽未谋面,却能以兴隆佛法为桥梁,书信往返共护教。出家人要在"有佛法、有道"的前提下交友,那么即使遇到再大的名闻利养也不会受诱惑,也不会因交友而懊悔,更不会因利害关系或困难而退却。

(四)布施要有无悔之心

佛法中谈布施,有心、田、事的不同,功德亦有差别。如何使功德圆满?最重要的就是一颗不懊悔的心。给人财布施,是欢欢喜喜的,不自苦、不自恼的量入而出;给人法布施、无畏施,也是心甘情愿,再苦再难都不怕、不后悔。但一般人的布施常会懊悔,因为对方没有回报,没有表扬,没有赞叹,没有重视,或是受人讥讽,遭到了困难、怨言,于是懊悔之心就产生了。事实上,"财进山门,福归施主",这其间的因缘果报是丝毫不差。因此,选择一块好的福田,也是很重要的。布施时要不自苦、不自恼、不懊悔,学习做到无悔之心,才是真布施。

九、无聪之慧

北宋大文豪苏东坡一生聪明盖世,才华横溢,老来做了一首《洗儿》诗:"人皆养子望聪明,我被聪明误一生;唯愿孩儿愚且鲁,无灾无难到公卿。"他说世俗人生儿育女,无不盼望儿女聪明伶俐,我苏东坡却因聪明而误了一生,希望自己的孩子愚昧、笨拙,平平安安做到公卿将相。世间上,聪明的人往往烦恼更多、苦难更多,可见聪明不是究竟之道。入了佛门,求智慧才是究竟之道。要求什么智慧?求了解诸法实相的智慧,求对治烦恼的观照智慧,更要求生活无住的智慧。我们不要求小聪明的智慧,因为聪明反被聪明误,我们要求的是大智若愚的智慧,要求无聪之慧。什么是无聪之慧?

(一)吃亏是无聪之慧

出家学道,所学的是什么道?吃亏就是道,处处讨便宜不是道。所谓"忍一口气,风平浪静;退一步想,海阔天空。"学吃亏的当下,可以学得容忍的智慧、涵养宽宏的心胸及拥有坦荡的性格。大众在做事,我多做一点,分东西时我少分一些;苦的事情我来做,快乐享受则留给大众。表面上看来,我的财富损失了,享乐减少了,但人格道德智慧却不断升华,心量视野也不断开阔;学吃亏才是讨便宜。捡现成的便宜,不一定就多就好;我吃亏,多付出一些心力,多等一些时间,多待一些因缘,反而更多更好。吃亏上当、难得湖涂,其实就是无聪之慧。

(二) 牺牲是无聪之慧

世俗的人常说"牺牲享受,享受牺牲",真正的牺牲,是一种美德,一种智慧,一种能为正义、公理而见义勇为,不惜奉献自我的大无畏精神。牺牲不是放弃理想、放弃原则,而是为了实现整体大我的理想,有所坚持,有所努力,甚至不惜以身相代。

什么是整体大我的实现?芸芸众生的安乐是整体大我的实现,佛法兴隆是整体大我的实现,常住大众安心办道是整体大我的实现,个人道业成就也是整体大我的实现。为了实现这个"大我",可以牺牲个人的福利、个人的享受、个人的成就,来换取大众的安乐,以个人的安乐换取历史的成就,这是无聪之慧。

黄花岗七十二烈士的捐躯,开启了自由民主的先锋,这就是牺牲的智慧;佛教里"放下屠刀,立地成佛"、地藏王菩萨"地狱不空,誓不成佛",都把牺牲的无聪之慧表现到极致。出家,便是牺牲个人的世俗享乐,来到佛门追求真理,这是一种智慧。牺牲的本身也是一种成就,出家人要有牺牲的无聪之慧,把佛教、常住看得比自己更重要,以道业、佛法作为生活准则。

(三) 忍辱是无聪之慧

真正有为之人,做事要做难做之事,处人要处难处之人。一个人是否有智慧、有修养,就看他身处逆境时,是否能"宽却肚皮须忍辱,豁开心地任从他"。寒山大师曾问拾得禅师说:"如果有人毁谤我、欺侮我、侮辱我、耻笑我、轻慢我、骗我,我应如何待他?"拾得禅师说:"那就忍他、由他、避开他、耐他、敬他、不要理他,待几年再来看他。"所谓"善似青松恶似花,看看眼前不如他,有朝一日遭霜打,只见青松不见花",唯有忍辱可以长养人的力量。《佛遗教经》云:"能行忍者,乃可名为有力大人。若其不能欢喜忍受恶骂之毒,如饮甘露者,不名入道智慧人也。"忍辱是世间最坚强的力量,能忍辱的人,才能拥有无聪之慧。最高境界的忍辱是无生法忍。一般的忍,是有对待、有分别、有所为的。譬如你说话恶劣,我忍耐;你欺负我,我忍耐;师父骂我、父母骂我,我接受。但真正的忍耐是无生法忍,无生法忍是没有对待、没有分别的,因体会世间万法本来如是,对一切的荣辱、是非、苦难、诽谤,都能甘之如饴,甚至对外境不好的声音、不好听的语言、不如意的事,都不觉得怎么样,认为那是自然的事,并且很容易就忍下来,这样叫无生法忍,这才是无聪之慧。

(四) 厚道是无聪之慧

厚道是不念旧恶、不嫉妒、不瞋恨、不计较、不打击人的恕道精神。以成人之美、供养大众的心胸取代打击伤害。厚道的人,在道业上能够养深积厚,在人际间能够广结善缘,在事业上能够得道多助。因此,古代丛林遴选住持,必先审核这个人是否厚道,是否具足供养心,通过审核的人,才会得大众拥护,住持一方。在佛门里,厚道才能成事,厚道是无聪之慧。慈航法师年轻时,某天上净房,忘了带草纸。不得已向旁边的人要,那人递给他用过的草纸,使慈航法师抓了满手的粪便,但慈航法师不怨恨,与那人相安如故。后来,慈航法师作佛事所得的银洋,被那个递脏草纸给他的人偷走,慈航法师知道他缺钱用,不但不揭发他,还送给他自己仅余的银钱。那个人感激涕零,从此护持他,忠贞不贰。从那个时候起,慈航法师也就心宽体胖了起来。

世俗的人以聪明、威势、利害震慑人,佛门的大德用智慧、慈悲的道德感化人。慈悲智慧的道德是无聪之慧,看起来是我吃亏,是我牺牲,是我在忍辱,是别人占了便宜;事实上,只有这样的吃亏、牺牲、忍辱、厚道,才能化戾气为祥和,化干戈为玉帛。发心求道之人,当求无聪之慧。

十、无功之事

一般人做事,总要求功德、功劳,有功德、功劳,才感觉光荣、受重视。出家人做事,只问该做不该做?有没有佛法?不在意有相的功劳、功德。假如要功德,也应该求无相的功德。出家人做事,要做无功之事,不是为赞美而做,也不是要人感谢而做。出家人不求功劳,不求奖章,不求赞美,不怀任何希望,只是为做事而做事,为工作而工作。什么是无功之事?

（一）说法为无功之事

出家人弘法是家务，利生为事业，所以代佛宣说法音，利益化导众生，乃责无旁贷之事。当初梁武帝问达摩祖师："朕造寺度僧，有多少功德？"达摩祖师回答："并无功德！"梁武帝不懂这句真理之言，因为功德是有为福报，做多就多，做少就少，只有无为功德才是真正的无求功德。

过去古德讲经多在道场，今日法师弘法布教则多走出寺庙山门，步入社会。例如学校、机关团体、监狱、医院，都常举办佛学讲座，国家殿堂亦常法筵殊胜，佛教形象因而大为提升，法门龙象亦由此倍出。假如计功多少，哪能有此成就？一个出家人，为事不在求功。若是有相、有为，则与俗人何异？所以弘法利生的事业，皆是仗佛光明，皆是因法而尊。

唐代悟达国师，十世皆为戒律精严高僧，因而累世冤业皆无机缘报复。有一次，因懿宗礼遇赐沉香宝座，国师一时名利功德心起，遂招累世冤业，膝上长出人面疮。十代高僧尚且如此，我们凡夫能够不警惕吗？佛陀说法49年，尚言没有说过一个字，这不是自谦，而是真理本来就不可说，无功说法才是真正的说法。

（二）度生为无功之事

有些出家人会说："这是我的信徒、我的弟子、我的住众。"有位出家人在佛学院尚未毕业，就写信给信徒说："师父很想念你，师父今日写信给你，主要就是要你记住师父，听师父的话，等师父学院毕业，和师父一起修行！"这实在太不知惭愧了，还在初学阶段，就想控制信徒，就如是自我膨胀。也有些寺庙之间老死不相往来，深怕一交流、一观摩，信徒和人众就随之流失，所以不但造成僧团间壁垒分明，更彰显不出佛教恢宏的包容气度与融和的精神。

就缘起法而言，世间诸法皆依因缘而存在，并无一实在自性可得；既无有一实在自性可得，所以不见我为能度，亦不见实有众生得灭度者。菩萨因具此般若空慧，虽度尽众生，却不起度生之念。此即《金刚经》言："如是灭度无量、无数、无边众生，实无众生得灭度者""若菩萨有我相、人相、众生相、寿者相，即非菩萨"。

两千多年前，佛陀于金刚座上证悟之际即言"大地一切众生皆具如来智慧德相"，可知心、佛、众生本无差别，故佛陀累劫修行，虽度化众生无数，却说"我未曾度一众生，也无一众生可度"。所以弘化度众，除应有无限的慈悲，更应有无功的般若慧，把寺庙、信徒都还给佛教，自我谦下，如此无功无相度生，才能真正为佛教争光与有利众生。

(三) 修行是无功之事

一般人总将修行局限在打坐、念佛、诵经、持午、闭关等名相上。当然念佛是修行，但发心、弘法、讲学、著作、创业、利众、随喜、随缘等这也都是修持。例如圣者的境界"青青翠竹尽是法身，郁郁黄花无非般若"，搬材运水无非是禅，行住坐卧皆有佛法。律宗有源和尚请教大珠慧海禅师如何秘密用功，慧海禅师答说："肚子饿时吃饭，身体困时睡觉。"一般人执着五味六尘，所以吃饭时挑肥拣瘦，食不甘味；睡觉时胡思乱想，辗转反侧。而禅者已体悟万法皆空的法性，了知五味六尘的一切皆不可得，所以能平常吃饭，安逸睡觉。此即修行要在生活中修行，要在无功中修行。

有些初入道的修行者，动不动就要闭关、住山、持午等，其实这是逃避弘法利生的责任，借口修行，而实懒惰。印顺长老说："放弃弘法利生或修学佛法的责任，只是借口修行，其实是懒惰的代名词罢了！"道源长老也说："只是口头说修行的人，佛教都快给这些人修行完了！"这两位长老的话，是语重心长的教训。出家人要有真修实学，不要自我标榜，不要自赞毁他。修行，要修无功之行。

（四）证悟为无功之事

一个证悟者，从不自高自大，也不标新立异。所谓平常心是道，赵州八十行脚，维摩病中不忘说法，佛陀晚年仍托钵行化，常说："我是僧中的一个。"多么平凡的伟大！多么美好的证悟无功的风光！

600卷《大般若经》，其实可以用16个字概括它的中心思想，即"无相布施，无我度生，无修行持，无证悟道"。这不但说明了悟道是无功之事，甚至布施、度生、修行都是无功之事，因为"真如界内，绝生佛之假名；平等慧中，无自他之形象。"洞山禅师的"麻三斤"，本身虽无意义，却截断分别、意识、思想，无文字脉络可寻，即所谓"言语道断，心行处绝"。现在有些人自称开悟得道，标榜自己修行过人。事实上，悟境怎能以语言文字来说，证悟乃无功之事，是"言说即不中"的。

综观以上各点，列举出家人生活的"十无思想"：

第一，求富贵，要求无财之富。

第二，要拥有，要拥无求之有。

第三，讲慈爱，要讲无情之慈。

第四,要快乐,要有无欲之乐。

第五,要居家,要有无住之家。

第六,要居处,要居无安之处。

第七,要人众,要有无人之众。

第八,要用心,要用无悔之心。

第九,要智慧,要有无聪之慧。

第十,要做事,要做无功之事。

出家人如能体会此"十无思想",并以此来修行,道念自然能日渐增进。

1991年4月讲于佛光山

青年僧伽的十有思想

"十无"与"十有",看似两个极端,
其实"色即是空,空即是色",
"无"与"有"之间并不存在鸿沟,实乃一体之两面。

前一篇论述《青年僧伽的十无思想》,接下来续谈《青年僧伽的十有思想》。

"十无"与"十有",看似两个极端,其实"色即是空,空即是色","无"与"有"之间并不存在鸿沟,实乃一体之两面。

佛教信众过的是家庭生活,以世间法为主,生活上以"有"为着眼点来满足需求。不过,有,是有限量、有穷尽的,但欲望却是无限量、无穷尽,永无满足的。那么,如何才能让这颗有求的心,有得宽广、有得自在、有得净化、有得满足呢?兹举出十点阐述如下。

一、有宇宙之心

所谓"心包太虚,量周沙界",王阳明说:"宇宙是吾心,吾心即宇宙",因为吾人的真心,实在不易相比!"佛说一切法,为治一切心;若无一切心,何用一切法?"佛教的一切道理,都是为了正心,正心才能入道。人忙忙碌碌几十年,终其一生只为了四大之身、为了亲人眷属、为了私我欲望、为了功名利禄而百般辛苦,却很少为自己的真心去探个究竟,终于迷失在世间。

我们应当追求探索自己的内心,从变幻灵动的心中寻找真实的我。这个"我",非指身高几尺或眼耳鼻舌身等外相,而是指心识——我们的本来面目,这颗拥有真如自性的真心,才是我们自己。佛经里对真心有诸多譬喻,例如:

心如大海,能容纳百川。

心如大地,能普载万物。

心如虚空,能包容一切。

心如良田,能生长万法。

心如光明,能普照十方。

心如能源,能发挥潜力。

心,具有无比的威力,但是人心的性能有好有坏。有的人性能好,心无杂染,远离妄缘,凡事能大能小、能有能无、能进能退、能饱能饿、能苦能乐、能荣能辱;有的人性能不好,身惹尘埃,心随欲境,凡事不分大小、不识有无、不知进退、不能饱饿、不辨苦乐、不明荣辱。心的好性能,是遍布流广,潜力无限,是"亘古今而不变,历万劫而常新"的,那如何才能拥有一颗宇宙之心呢?

(一) 包容是宇宙之心

"佛",在我们的信仰心中;"光",在我们的慈悲心中;"山河大地"森罗万象,在我们的包容心中。

过去,有人想来佛光山出家,问我需要什么条件? 我说:"出家不是交易,没有什么条件,但要先回答一个问题,答对了就有僧伽的资格。"

我问他:"佛光山是谁的?"

有些人会说:"佛光山是你星云大师的。"

这种分别你我的心态,是修行的阻碍。试想:你在"我"的佛光山出家,"你"能安住吗?佛光山无论多好,但若不合你意,住久了终会厌离,所谓"梁园虽好,不是久恋之乡",没有共识,没有融和,是很难长久在佛光山安身立命的。

"佛光山是谁的?"

"佛光山是我们的!是每一位佛光人的!"

佛陀教义在佛光山发扬,光明妙法在佛光山弘传,诸佛菩萨在佛光山示现,十方信众在佛光山云集,身在佛光山,出家修行在佛光山,只要心里有佛菩萨,将自己融入佛光山里,我就是佛光山,佛光山就是我。

家是我的,便会感觉家很亲切可爱;父母兄弟姐妹与我同心,彼此自然亲密和谐;亲戚朋友与我同道,彼此即无隔阂存在;国家社会是我生长的地方,我与国家社会息息相关;同参道友、芸芸众生都是我的法侣,我能够包容兼善天下;宇宙一切都以包容心看待,我就会珍惜它、爱护它。

现代的人不易共处,常常践踏友谊、轻视伦理、急功近利,都是起因于心胸狭窄,不能包容,不能宽厚,不能"湛然冥真心,旷劫断出没",人间纷纷扰扰即由此产生。所以,要有"宇宙之心",包容一切,这个世界就会在人人包容、处处融和里变成净土。

（二）慈悲是宇宙之心

社会上常讲的爱心，有人我对待的分别，而慈悲，是没有人我对待，也没有亲疏分别的，是把别人看成与自己一般，给予慈悲。除了对身边亲爱的人慈悲，对不相识者更应怀有"无缘大慈，同体大悲"的真心，这就是"宇宙之心"。

例如，修行人为了草木的生长，不忍任意践踏；为免飞蛾扑火，宁可晚上不点灯；为了鸟雀的觅食，常在庭院留些稻谷；为了雨季虫蚁，蛰夏安居不远行，这都是慈悲心的展现。

有慈悲的人，处处为人着想，时时包容一切众生，这就是宇宙的大心。

（三）感恩是宇宙之心

稍有道德良知的人，对别人的滴水之恩，都会涌泉相报，何况学佛的人，更不可不感恩。佛经中所说的上报四重恩，即父母恩、师长恩、众生恩、国家恩，就是弥天盖地的报恩心。

父母生我、养我、育我，备受辛苦劬劳，才使我成长。长大成人后，有时不能甘脂奉养，随侍左右，无法恒顺慈心，未能光耀门庭，空受父母抚育，怎不令人惭愧？今日有缘学佛，更应感念父母深恩，以学佛修行功德令父母脱离生死轮回，乃至生生世世父母，才算真正报答了父母的养育之恩。

世间若无师长教诲，何能知礼达义？又怎能修学佛法？所谓"一日为师，终身为父"，凡受师长教诲，皆应报答。如中国著名的佛经翻译家鸠摩罗什，初学小乘法，等他学会了大乘法的真实义后,又万里迢迢回去度他的小乘师父,这种报恩,即是史上有名的"大小乘互为师"的佳话。

报众生恩,是更深一层的报恩。我们吃一顿饭,当思来之不易,要靠农民耕种、商人贩卖、典座烹煮,才有米饭佳肴可食,要多感恩啊!穿一件衣服,从缫丝、织布、裁制、缝衣,历经多少双劳苦流汗的手,才有衣服可穿,要感恩啊!所居住的房子,需要农民植树、工匠砍伐、泥水匠砌筑、建筑师设计,才有避风遮雨的住屋,能不感恩吗?天下一切人、事、物皆环环相扣,都是诸多因缘的汇集,而成就我们的身家,所以要感谢众生恩。

国家,是生存的依附,是子孙未来的保障。因此,有力量要协助生产,有技能要提升技术建设,有智慧要贡献服务,有财力要尽义务,将自身与国家紧密结合。犹太人在成立以色列国之前,曾经像失根的兰花,到处飘泊,受尽欺侮。我们既然生活在这一块土地,就有责任肥沃这一片土地,报效国家恩。

感恩的人生是充实的,感恩的人生充满快乐,感恩才能心怀一切,因此,感恩的心是宇宙之心。

(四) 菩提是宇宙之心

对出家人而言,发心极为重要;有心,则无事不成,如时钟上紧了发条,船依舵而前进。"谁道佛身千万身,重重只向心中出",无心,任何事皆难以成就。

古印度时代,阿育王为了测试人的心力有多大,命令一名死囚头顶一碗油,绕行大街小巷一周,如果一滴油都不洒落,即赦免其死罪。阿育王在死囚所经街道上布置种种奇观杂玩和珍花异草,又安排乐师吹奏美妙的音乐,又有美女翩翩轻歌曼舞,来分散死囚的注意力。但死囚畏死的心力强烈,在此生死关头,他一路目不斜视地顶着满满一碗油,"如临深渊,如履薄冰"般地走完全程,竟然未曾洒下一滴油。

阿育王问他:"你在路上有没有听见什么声音?看见什么动静?"

"没有啊!"

"你难道没有听到悦耳的音乐,看见艳丽的美女吗?"

"启禀大王,我什么也没有听见,什么也没看到。"

生死一念,能够使人心无旁骛到这种地步,可见发菩提心的潜力有多大。

《华严经》云:"菩提心者犹如种子,能生一切诸佛法。如良田,能长众生白净法。如净水,能洗一切烦恼垢。如大地,能持一切诸世间。如大海,一切功德悉入中。如莲华,不染一切世间法。如良药,能治一切烦恼病……"发菩提心,若能在生死一念上修行,就能安稳不动摇,乃至灭除一切烦恼火焰,菩提心就是宇宙之心。

人世间有种种的忙碌,种种的应酬,但是若连自己的心都无法调伏,无法认识清楚,还谈什么宇宙万有?谈什么生死涅槃?出家,要看破生死,要有宇宙之心,如宋儒张载的心胸:"为天地立心,为生民立命,为往圣继绝学,为万世开太平",就是无限宽广的宇宙之心。

二、有度众之慈

未成佛道前,要先发心度众生,佛道虽未完成,但先存有度人之心,这叫菩萨发心。大乘佛教所说的菩萨发心度众,不是等自己了生脱死、成就佛道后才来度化众生,而是在修道过程中,不断从度化众生中来完成自己。菩萨发心,是慈悲心的展现,当下即是佛心,当下就与诸佛菩萨齐心。所以,大乘佛教也可以说是慈悲的佛教。

为何要度众生？为什么要由我来度？过去的诸佛菩萨和高僧大德,致力宣扬佛法,开示教义,建寺办道,译经度众,作为接引众生的桥梁,我们不就在诸佛菩萨的种种方便教化中,被引度进佛门的吗？因此,我们既已受度,更要度众生。如何培养度众之慈？

(一) 念众生苦是度众之慈

常念众生苦,时时想到众生的种种苦厄,自然就能生起度众的慈悲心。日本有一部《铁眼版大藏经》,是明朝铁眼禅师到日本刻印的藏经。铁眼禅师为刻印藏经,在中国化缘12年,走遍城乡,节衣缩食,好不容易募化得差不多了,正预备刻印时,中国却爆发了洪汛水灾,他立刻把辛苦募化12年的钱捐献救灾,半生的理想和希望虽刹那成空,但救人一命胜造七级浮屠。为能解除众生之苦,诸佛菩萨的头颅性命都能布施给众生,我们一点点度众的心力又算什么呢？

过去,印光大师为筹建道场,四处募化,每次筹到的钱还来不及用,就先拿去救济旱涝灾民。印光大师心系众生,心念众生苦,不忍独安乐,即使无寺庙住,也不以为意。

(二) 念众生恩是度众之慈

我们生活在世间,不论有情、无情,都与我们有因缘关系,所以佛教提倡报四重恩,其中之一就是:念众生恩。

我为什么要办教育？佛教不是我一个人的，为何要如此辛苦办教育呢？因为过去前人办教育成就我，老师教育我，才使我有今日的成就，应该要回报。想到过去师父收我做徒弟，才有因缘学佛得度，那么我该如何回报师恩呢？我就以多收徒弟，给予众生慧命来报恩。

为什么要对别人好？因为有许多人待我好！吃的、穿的、用的，种种方便皆受惠于人，处处享有人家给我的笑容，给我的合掌，给我的赞美，这一切我该如何报答？只有发心度众来回报。所以，想到父母有恩于我，师长有恩于我，就要发心度众，只要念念不忘众生苦，念念不忘众生恩，自然有慈悲心度众生。

（三）念因缘是度众之慈

念因缘，也能有度众生的慈悲。人无法单独存在，须仰赖各种因缘和合，互相依赖才能生存。像我童年未曾读过多少书，而能认识一些字，主要是因为母亲听我读故事小说时，在旁指正我的错别字，让我有了识字的"因缘"；家里人口稀少，无人烧煮三餐，年幼的我自动负起烧饭煮菜的责任，不意却获得卧病在床的慈母指导，让我得到烹调秘诀的"因缘"。少时亲近信佛虔诚的外婆，在外婆的念佛诵经声中，增加我信仰的"因缘"。家乡寺院庵堂很多，出家人衣袂飘然、法相庄严的行仪，在我幼小的心灵里埋下种子，不知不觉中蕴酿我出家学道的"因缘"。

当初，释迦牟尼佛在菩提树的金刚座上，夜睹明星而成正觉，悟的是什么？即宇宙的真理——因缘。如果懂得因缘，就应当广结善缘，广度众生。有些人出家学道，只想到深山里闭关，找一个清净的地方坐禅,除了自己,不要有别人,不要烦扰复杂,只想单纯清修,这种方式,让人不以为然。为了一己的出家修道,常住大众多少奔忙,父母师长多少辛苦,十方信徒多少供养,才能成就个人的清修,不过,即使个人获得了清净安住,无视众生仍继续留在烦恼红尘里挣扎受苦,这样的人真能得道吗?《阿弥陀佛经》云:"不可以少善根福德因缘,得生净土",孤因孤缘,怎么能成就佛道?度生的因缘尚未培养,即妄想成道、了生死,这是违背因果观念的。要拥有因缘,就得先结缘。

(四)念无我是度众之慈

需有多少因缘的成就,才有"我"个人的存在。因此,人不能只为自己的利益打算,应当想到大众:我是大众中的一个,没有大众就没我的存在;要从"无我"中,想到别人,想到大众。若能"无我",就能生起人我一体的慈悲心。慈悲心生不起来,是因为有分别识作祟,若能消泯、融合你我的立场,我就是你,你就是我,换你心为我心,即会慈悲,不忍心逼害他人。

为什么要度众生?因为众生苦。佛教基本教理"四圣谛"——苦、集、灭、道,即是一部藏经的精神。现实的人生,苦集相成相残。苦从哪里来?从因,从集,从苦集的因果关系而来,要超脱这种苦集关系,必须修学出世法,也就是出家修道,证集灭,这是出世的因果。修道为因,证涅槃集灭为果,是小乘原始佛教思想。

从前,有个沙弥随着师父赶路,这个师父是有神通的阿罗汉。沙弥背着包袱跟在师父后面,走得气喘吁吁的,想到众生沉沦苦海,心里非常哀悯,不觉发了广度众生的心。阿罗汉师父感应到了,立刻停步,回过头来说:"徒弟,我替你背包袱,你走前面吧!"

小沙弥吃了一惊,问道:"师父,为什么要这样?"

阿罗汉师父拍拍沙弥,笑着赞许他:"你刚才广度众生的慈悲心很强,师父惭愧不如你呀!"

沙弥拗不过师父,只好把包袱交给师父,自己走在前面。经过一个水塘时,发现很多蚂蚁在水里挣扎,沙弥心想:"这么多蚂蚁,怎么救得完!世间众生如此之多,哪能一一救度?太难了!太难了……"冷不防阿罗汉师父把包袱朝他肩上一挂,骂道:"你这假慈悲人,走到后头去!"

人,要有度众的慈悲与愿心,才会真正受人尊敬。每一个人应该培养广大的慈心悲愿,无我相,无人相,无分别相,时时以"念众生苦,念众生恩,念因缘,念无我"来激发自己度众的佛心。

三、有弘法之勇

弘法要勇敢。出家人宣扬佛法,要无所畏惧退缩。

什么是弘法?《金刚经》云:"若复有人,于此经中,乃至受持四句偈等,为他人说,其福甚多。"做好佛教文化宣传的工作,就是弘法,就是功德。

弘扬佛法是出家人责无旁贷的使命,弘法的方式有多种:以口宣说、以文字弘传、以活动表现或透过印经、建寺、开办事业等来弘传。

弘法要有四大皆空的勇敢。例如到监狱弘法,有的人不敢走进黑漆漆的监狱,害怕恶形恶状的囚犯,没有勇气,怎么走进监狱?到军中布教,有的人一见枪械武器就发抖,害怕全副武装的军士,如何弘法？到穷乡僻壤弘法，需要无惧蛇蚁蚊兽的勇气，到异国边陲弘法，更需要忍苦耐寒的勇气。

过去，我以文字弘法，写了几本书，有人说我："一天到晚耍笔杆子，不做事，真会偷懒。"

我办佛学院，上课教书来弘扬佛法。有人看我终日与粉笔灰为伍，又说我："这个大和尚只会耍嘴皮子，改作业，真会享受。"

教书也不行？我巡回讲经、开山建寺、砌墙、糊水泥、煮菜、搬石砍柴……日夜奔波，废寝忘食，历经艰辛，把手掌折磨得粗皮厚茧，又有人说："只会讲经、建寺，有什么了不起？英语都不会说！"

我虽不会英语，但是30多年来，我走遍了全世界多少国家？宣讲了多少部经典？兴办了多少场法会？我把佛法带到世界各地，让佛光普照三千界，法水长流了五大洲。弘法要勇敢，肯冒险犯难，更要难行能行，难忍能忍。如何具备弘法之勇？

（一）不怕艰难是弘法之勇

弘法不能怕艰难，越是艰难的困境，越能凸显佛法的可贵。历史上的佛教盛世，若无高僧们的克难精神，佛法如何弘扬开来？当初，道生大师倡导"一阐提能成佛"，被当时的人激烈抨击，将他逐出建业，他由北方被驱赶到南方虎丘山，仍然坚持自己的看法。相传其对石头说法，使石头也为之点头。后来，《涅槃经》传入南京，证明了道生当初的见解正确。"一阐提成佛"之说，经过道生大师的艰苦力争，才得以水落石出。

佛教大翻译家鸠摩罗什，从龟兹来到长安，本为弘扬圣教，却被逼与龟兹王的女儿结婚，引起当时许多谣言与批评。鸠摩罗什为了译经弘法，不辞耻辱，后以"吞针"示众，取莲花而不取污泥。圆寂之时，舌头焚烧不坏，证实他的说法无误。他所译的经典，对大乘佛教贡献极深，也推动了中国佛学的发展，其忍辱负重的弘法精神，令人称叹！

（二）不畏迫害是弘法之勇

佛教的兴衰，总是依循着帝王及时代而变迁。中国佛教的四次大法难，有多少祖师大德殉道，又经过多少祖师的弘扬才得以复兴。如日本亲鸾上人、日莲上人，为了宣扬本宗教义，不断受异教徒追杀、迫害、诽谤。今日的净土真宗、日莲宗能绵衍为独立的正式宗派，确实是这两位上人的功劳。

东晋太尉桓玄压迫佛教，认为佛教应隶属于国王权力之下。慧远大师本着佛教立场，主张沙门不必礼拜帝王，著有《沙门不敬王者论》，力争佛法的尊严，毫不让步。这种引颈待戮的勇气，终使僧众免除礼拜帝王的规矩。

1950年的台湾，是基督教的天下，一般人都不敢自称佛教徒。煮云法师竟然无视当时政府的忌讳，在公众场所讲说《佛教与基督教的比较》。有人忧心忡忡地劝告他："煮云法师，你不怕当局逮捕你，杀你的头呀？"煮云法师手捻念珠，平静地说："断头是以后的事，现在先让我把佛法讲完。"

现代僧伽应有他这种不畏权势、不惧迫害的大无畏精神！

（三）不惧繁忙是弘法之勇

有人出家修行，只想清修、闭关，怕忙碌、怕信徒多、怕烦恼事。

有人说:"佛光山太忙了,没有修行"。我不知道他们的修行定义是什么?如果只有打坐、念佛、闭关才是修行,那么,佛陀成道后的49年间,讲经300余会,日夜奔忙,难道佛陀也没有修行吗?

忙,才有修行;忙,才会忘掉烦恼。玄奘大师每日口述译经、润稿,与帝王商讨国家大事,为王公贵族讲经、消灾、诵念,他也很忙呀!身为国师,若不周旋于帝王将相之间,如何以国家力量支持佛教译经事业、如何护持佛教呢?

学佛的人不要怕忙,要在忙碌中奉献,在忙碌中普度众生,从忙碌中完成自我的法身慧命。忙,有无限的法乐;忙,有许多的成长;忙,有生命的充实。大家要为教而忙,为众生而忙,为自己而忙,为千秋万世的佛法昌隆而忙。

(四) 不受恩宠是弘法之勇

有人说:出家人难过名关、利关、恭敬关,是有道理的。我个人弘法四五十年,获得名声不少,名气大,烦恼也不少;十方信徒捐献佛光山的善财虽多,但佛光山为兴教利生而背负的债务更多;我与心平、心定、慈庄、慈惠、慈容、慈嘉等几位长老四处弘法,以恭敬心对待十方大德,还有人嫌我们不恭敬他……虽然不能尽如天下人之意,但我敢说:"名关、利关、恭敬关,通通与我无关!"

不求名,不求利,恭敬十方,接引众生,出家人本就以"弘法为家务,利生为事业";有人景仰要弘法,无人闻问也要弘法,我们要担当继承如来家业啊!

宋朝道楷禅师大阐禅门宗风,德行高超。皇帝颁赠紫衣袈裟,并赐号定照禅师,以褒扬他的功德。禅师上表坚持不受,皇帝特派亲王去封敕,他仍然拒绝,以致龙颜大怒,下令收押议罪。刑官知道禅师仁厚忠诚,见到禅师时借故暗示:"禅师面容憔悴,身体虚弱,是有病吧?"

道楷立即挣扎着直身挺立:"没有!没有!"

刑官一再用眼色暗示:"禅师身体有病,一时疏忽违逆了圣旨,并非蓄意,可因病免罪呀!"

道楷禅师大声说:"我没有病!怎可为了免罪而称病呢?即使皇上恩宠于我,我也不能说违心话,做违心事啊!"一般人对皇帝的恩宠、封赏,无不感激涕零、求之不得!而道楷禅师秉持修道人风范,无视于刀钺罪祸,这种不欺不瞒的勇敢行为令人敬佩,这种不受恩宠的清高道风令人景仰!

所以,如何具有弘法之勇呢?就是要不怕艰难,不畏迫害,不惧繁忙,不受恩宠。

四、有修道之恒

我们要有修道的恒心。"八万四千法门,至理不离方寸",发心修行,须常自问:道心有多久?露水道心,忽发忽失,太阳一出来就没有了。真正发心修道,"要得滔天并盖地,胸襟流出有何难",日修月修年年修,朝夕惕励不变心,这才是修道的恒心。

过去长老大德们的成就均来自有恒。唐朝道宣律师为南宗律宗祖师,他听一部戒律,反复千次,毫不厌倦。六祖惠能大师,为等待弘法的因缘,隐迹猎人群16年,日日面对猎杀血光,他的道念仍日日长。南阳慧忠国师30年不离寮房,南泉普愿禅师40年不出寺院,他们的心胸充满菩提,脑海唯有般若,"半夜白云消散后,一轮明月到窗前",三四十年如一日,这种恒心非常了不起。

有些年轻人一入佛门,就希望证悟涅槃、了生脱死,佛法不是变魔术,哪能一下就成道了,也不像学电脑、学驾驶,几个月就学会了。学佛,是学心地法门,学生命意义,是找心,找自己的本来面目,怎么能轻易找到呢?一年生的树木,可以当柴火烧;三年的树木,可做棍杖使用;十年挺立的树木,是做桌椅、板凳的材质;百年大树,才能做不朽的栋梁。在人间修道,要养深积厚,要为千古的法身慧命深深扎根,才能做佛教的栋梁。如何有修道之恒?

(一) 对三宝有信心,是修道之恒

"佛法大海,唯信能入。"进入佛道的第一步,必须培养对三宝的信心:相信"佛"是生命的智者,能引导我们离垢断苦,提升自性中的佛性,谛观人生真理。相信"法"能通透人生的真理,可以度脱无明烦恼,获得快乐解脱。相信"僧"是我们的亲教师,是我们人生的导航。

修道,要相信三宝的慈悲与智慧,从信仰中学习佛的行仪,来健全自己;从信仰中学习佛的心力,去度脱自己。净土法门的弥陀愿力,使我们相信念佛可以往生西方净土,相信弥陀的发愿真实不虚。信心如手,能使我们获得无限智慧;没有信心,如同无手之人,入宝山也徒然空手而回了。

(二) 对修持有道心,是修道之恒

《华严经》云:"初发心便成等正觉",最初入门所发道心,若能持之以恒,便能成就正等正觉。

修行，要发大心，沉得住气，忍得住苦，耐得住劳，对自己的修持有道心，才能成就法身。常不轻菩萨修行的法门，"我不敢轻于汝等，汝等皆当作佛"，虽然被路人投石、鞭打、厉骂，也不变初心，终于成就忍辱菩提。东晋慧远大师在庐山结社念佛，修持般舟三昧，30年不出庐山一步，成为中国净土宗的祖师，靠的即是坚忍不移的心力。

藏传密教里，要当"格西"，需要30年的时间，即使达赖喇嘛，也不容易完成这个学位。学密法，没有10年的显教基础修"四加行"（供养10万次、持咒10万遍、观想10万次及五体投地大礼拜10万拜），是不能得法的。饭没有煮熟，不要妄自掀开；蛋没有孵够，不要随便一啄。不论学习打坐、讲经、持咒修持或苦行服务，只要有道心，一定能成功。不必急于出头，也不必羡慕别人，只要有精进的道心，专心修持，"转身踏破虚空，一切是非莫顾"，念兹在兹，必有成就。

(三) 对众生有悲心，是修道之恒

学佛之心态，不能像一般哲学家，只在文字、理论上作分析，空口夸谈；或像历史学者，只在典籍史料上考据求证，大做统计文章，这些都脱离了佛法的本义。

佛法重视众生的实际生活，重视解除众生的痛苦烦恼，并非一般的谈玄说妙。所有的佛法，都是为了对治众生的各种贪瞋痴心病；八万四千法门，也是为对治众生的八万四千烦恼。不但个人渴望解脱痛苦，众生也同样盼望消灾免难，因此，学佛的人，不能以一己之寻求解脱为满足，对众生的痛苦更要有悲心去救度。

诸佛菩萨为救度众生苦,在婆婆世间马不停蹄地奔波;因不忍众生受六道轮回苦,而为广大众生许下誓愿:如地藏菩萨为地狱众生发下"地狱不空,誓不成佛"的大愿;消灾延寿药师如来,为众生而广发十二大愿;观世音菩萨之千处祈求千处应;阿弥陀佛的四十八大愿等。我们只要如诸佛菩萨般发了广度众生的悲心,在佛道上就不会轻易退却。

(四) 对佛教有热心,是修道之恒

若欲振兴佛教、弘法利生及净化社会,必须佛教徒对佛教事业热心参与。政府提倡由寺院兴办公益事业,即是因为宗教对提升社会道德有很大的效益。数十年来,不论佛教团体、佛教寺院、佛教徒,均热心投入济世事业,譬如冬令救济、托钵济贫、建立医院、孤儿院及养老院等福利事业,为社会风气的改善作了正面的示范。

一位佛教信徒,不论从事学术发展、文教护持、经义讲说或社会服务……佛光人都要以佛光四句偈,作为日常修持的目标:

  慈悲喜舍遍法界,惜福结缘利人天;
  禅净戒行平等忍,惭愧感恩大愿心。

我们要热心佛教事业,多结缘奉献,从结缘中获得快乐,从奉献里获得满足,这是悟觉的修持与成佛的资粮,能够安住在佛心佛境里,还怕佛道难成吗?

五、有正觉之慧

人之聪明才智虽各有不同,但若未用于正道,就会变成"聪明反被聪明误"。有时是一般的世俗之见、世智辩聪,有时甚至堕入邪魔外道,凡此都是没有正觉的智慧。

佛教教主释迦牟尼佛,为何被称为"佛陀"?即因为他是觉者!

觉,指觉悟;觉,要大觉。佛陀是"大觉世尊";凡夫是"不觉";二乘声闻有"正觉",但不能"正等正觉";菩萨是"正等正觉",但不能"无上正等正觉";唯有佛才能"无上正等正觉",才能成就阿耨多罗三藐三菩提。

阿耨多罗三藐三菩提的"正觉",属于"净觉",清净的觉悟;属于"满觉",大圆满觉,指的是佛陀的福德、智慧圆满,自觉觉他,都是般若的慧觉。何谓正觉之慧?

(一) 四依止是正觉之慧

"四依止"是佛陀临涅槃时,交代佛弟子的四依法。此"四依止"为:依法不依人,依义不依语,依智不依识,依了义不依不了义。兹分述如下:

依法不依人:法,指佛陀所说的三藏十二部经,我们要依佛所说的正法行事,不依人而行事。人有生老病死,法是恒常不变的,故应随法而不随人。

依义不依语:要依佛法的意义,不依赖空洞的语言文字。也就是说,要了解佛法义理,但不可执着语言文字。就如人以手指头指月,手指不等于明月;以文字解说佛法真理,文字并不等于真理本身。

依智不依识:智,是理性的,有筹量、分别善恶之用;识,是非理性的,是对世间的感觉。我们要依般若智慧作人生行事的准则,不依顺一般世俗的知见看法。

依了义不依不了义：不了义是方便假说，好像世间的一般道理。了义是真实说，是诸法实相的般若智慧、第一义谛真理。我们要依持宇宙的究竟真理，不盲从方便之邪说。

如果我们能以"四依止"作为学佛之方针，即能拥有正觉之慧。

(二) 四念住是正觉之慧

四念住，又称为四念处，是指将心念系于"观身不净"、"观受是苦"、"观心无常"、"观法无我"四种法门，从不净、苦、无常、无我中认识宇宙人生的实相。

在日常生活中，我们常为肉身打算计较，吃的要营养丰富，穿的须漂亮名贵……不断为苦空无常的身躯打扮、操劳。观身不净，是破除对身体的执着，了解色身的种种不净与虚幻不实，而追求真实永恒的慧命。

观受是苦，让我们了解世间的苦受、乐受、不苦不乐受，都是自己的无明（不明事理）造作，是自作孽的痛苦。苦海无边，我们要自求多福、有利于他人。

观心无常，心念如猿猴跳跃，如瀑布湍流，念念不停。前念决定的事，后念又幡然反悔；前念初生善意，后念又起傲慢，若不小心守护，任由心念在烦恼的五欲爱河中翻滚浮沉，将不断轮回生死于六道之中。

我们的思想观念常执持"有我"：我的东西、我的朋友、我的看法……因为有我执，痛苦就接踵而至。世间万法变化无常，人也有生命、青春的囿限，如果不能放下"我"，就无法脱离"束缚"而得自在。所以,要观"诸法无我"。

能以"四念住"的法门认识看透人生,我们的身心就能获得正觉之慧而清净自在。

(三) 三法印是正觉之慧

三法印,是佛陀为追求安身立命的清净境界,从生老病死诸苦的逼迫中,体悟出来的真理。法印,有印信、印可、证明之意。"三法印"是指"诸行无常,诸法无我,涅槃寂静"三句真理,凡符合三法印原则,便是佛陀正法。

从时间上看,现象界中的任何物质,无时无刻不在"生住异灭"或"成住坏空"中不断变化。凡有生必有死,有少年必有老年,有盛必有衰,有功名必有烦恼,没有一样事物是固定不变的。世界上哪有永远青春的人?哪有永远不死的生命?哪有永不毁坏的事物?哪有永不凋零的青山绿水,这就是"诸行无常"。

从空间上看,世间的有为法(有所造作)、无为法(永恒不变而存在),都离不开缘生缘灭的法则。无我,是没有主宰、无从操控的意思。五蕴和合之身,因为无我,所以无从主宰、操控身体不病、不老、不死。东西没有自主权,随时会变化、变坏。一切财富、名利、感情,都不能永恒存在。万法包括人、事物、有情、无情,皆由因缘聚而生,由因缘灭而散。了解世间诸法无我的道理,将身心安住于不生不灭的法身慧命出世间法中,才能获得真正的解脱快乐,这就是"诸法无我"。

涅槃,就是解脱,没有烦恼,是身心自在的境界,它是极乐净土的世界,只有安乐,没有痛苦烦恼,是证悟者所达到的境界。

涅槃寂静,并非指死后才证得涅槃,佛陀成道时,就已证得涅槃解脱境界,而中国的祖师大德,如六祖惠能、马祖道一等禅师,也是在生前就已证涅槃,并以证得的智慧去弘法度众。涅槃的最高境界是无住涅槃,"以大智故,不住生死;以大悲故,不住涅槃"。诸佛菩萨即是悲智双运,恒以无住涅槃的智慧,常化众生永不休息。

(四) 四圣谛是正觉之慧

四圣谛,乃佛陀住世时,对弟子所说的四种基本教法——苦谛、集谛、灭谛、道谛,显示出人与人之间如何从烦恼到清净的过程。

苦谛:人生有八苦,其中的生、老、病、死,都脱离不了人与人之间的各种关系。没有父母生养我的色身,何来人生?何来苦痛?因此,生苦是父母与子女关系的表现。有生必有老、病、死,种种五蕴炽盛苦也相续而生。而爱别离、怨憎会、求不得等苦,点出了现实社会人生的真相,真是充满了苦恼不安。

集谛,说明苦的原因,引起烦恼的根源及渴爱的真相,就是贪、瞋、痴的烦恼。人们常常贪恋某人或某物,瞋恼他人的得意成功,痴迷于人或诸法的一时现象,这也是人与人间,依他缘所起的现相。

道谛,提出了对治贪、瞋、痴的种种方法。一般指八正道:

正见:正确知见世间与出世间的一切法。如:相信有业有报,有因有果,有凡夫有圣人。

正语:正当的言语,不说谎、不搬弄是非、不恶口、不绮语。

正思维：正确的思想，使心念归于正道上。

正业：正当的行为，不做坏事。

正命：正当的生活方式。不做害人、杀生、赌博等种种恶行职业。

正精进：勤修正法不退转。如念佛、助人、服务、结缘。

正念：正当的意念。时时念佛、念法、念僧、念施、念天、念戒。

正定：清净的禅定。指清净不乱的理智、定力。

灭谛，则是透过八正道的修持，灭却种种烦恼，达到安稳、解脱、清净的涅槃境界。

上面所说的四依止、四念住、三法印、四圣谛，都是通往正觉智慧的道路，"列祖传持只此心，洞然无古亦无今"，依此修行，可以得解脱，可以获智慧，可以成菩提，可以入涅槃。

六、有出世之性

佛门里，有出家弟子与在家弟子。出家弟子之成为僧众，不是因为能力、学问不同，主要是具有"出世的性格"。在家信徒虽无出世的思想，但要有入世的信心与愿心。所以，佛教有五乘佛法——人、天、声闻、缘觉、菩萨五种层次，就如学校有分小学、初中、高中、大学、研究生五个阶段，各有精进的深浅一样。

五乘佛法中，人、天属于入世的思想，如中国儒家可看成人乘之佛教，基督教提倡"升天"、"博爱"，可归为天乘佛教。而道家讲"无为、修性"，是类似声闻、缘觉的佛教。各个宗教，虽不同于佛教的人、天、声闻、缘觉层次，但佛教与他们最大的差别，是菩萨道的思想。菩萨道，不仅有人天乘的入世精神，也有声闻缘觉的出世思想；以出世的思想，做入世的事业，把入世和出世融合为一。凡具有此种入世、出世的思想，即是大乘菩萨道。

出世，并非要远离世间，而是对世间的一切，不贪不求，不计较执着。出家，不但要有出世的性格，更要有大众的性格及社会的性格，才能把佛法带进迷昧的人间，而不是一味孤悬自己、隔绝自己。《六祖坛经》说："佛法在世间，不离世间觉，离世求菩提，犹如觅兔角。"释迦牟尼佛成道之后，不舍世间受苦众生，到处说法，把菩提清净的欢喜散播给大众，不求独乐，但求众乐，这就是以出世的思想，做入世的事业，也就是大众化、社会化的出世性格。过去，大迦叶具有头陀行的出家性格，目犍连、舍利弗具有真理的出家性格。近代的弘一大师，出家后全体放下，住处不嫌污秽，食物不择咸淡，任何五浊十恶的环境，他都能超脱，都能自在，都能视同净土，这就是出世的性格。出世的性格是什么？

（一）对感情不执不舍，是出世之性

对感情，不执着亦非无情，不多也不少。

在世间修道，早起做早课习惯就好，淡茶素斋习惯就好，少衣少钱习惯就好，受苦受累习惯就好，一切在习惯中可以随缘放下，但最难调伏的是对感情的执着。

有情众生，因爱而有生命，很难看破情爱；爱，是贪求的、占有的、自私的，一切烦恼罣碍、颠倒梦想都会随之而生，因此，要借由佛法，把感情升华为慈悲。

《维摩诘经》云："有乐法之乐可以自娱，汝等得之不复乐欲乐也。"拥有了佛法的清净快乐，就不会欣羡世俗的刺激快乐。憨山

大师有诗云:"百年世事空花里,一生身心水月间",没有佛法的快乐,看不破空花水月,就会计较、贪着世俗的快乐。有些修道人之所以堕落,成了修道的逃兵,即因缺少佛法的体验,无法安住在法乐之中。

欣慕修道,渴求佛法,欢喜常住,热衷事业,爱佛教,爱众生……把爱开展来,不只爱一个人,更爱世间众生。

过去,有一位美丽的女子想上山出家,很多人惋惜,纷纷劝阻说:"你长得这么美,出家太可惜了!为什么不嫁人呢?"

"嫁给一个人,太可惜了!"她说:"我珍惜自己,所以把自己奉献给佛教,奉献给大众。"

舍一人之小爱,成就亿万人之大爱,这是多么智慧的选择!

有人为情爱所苦,有人将情爱升华,成就"无缘大慈,同体大悲"的慈悲。慈悲不容易。有相的慈悲,心中有人,心中有事,难以解脱;无相的慈悲,天清地净,才是出世的性格。我退位之后,弘法的重担虽没减轻,心境却渐渐空轻了;虽有众人跟随在身边,但我心中没有人,心中没有事。大家都说我"忙、忙、忙",偶尔几天几夜不眠不休,我也会觉得心有余而力不足,但在平时,我是个空无的人,不知什么是苦,什么是乐,什么是有,什么是无,也不知道什么是来,什么是去。

偶尔坐着看书,忽然想到:"我现在哪里?佛光山?西来寺?澳大利亚?香港?我现在是在哪里呀?"有时实在连自己都忘了,得环顾左右稍作思考,那个分别心才会出来:"哦!我现在……"才慢慢把我带回人间来!所以,什么叫"解脱"?像我修学佛法,身心都在佛法里,一切苦乐、得失、有无、来去,都不计较,对感情不执着,也不舍离,这就是出世的性格。

(二) 对五欲不拒不贪,是出世之性

五欲,就是财、色、名、食、睡,有人说是"地狱五条根",这是极可怕的! 一般人贪恋五欲,沉沦于五欲旋涡里,无法自拔,颠倒覆心,贪着生相,固然可怜;有些修道人排斥五欲,不要钱,不要名,不要吃,不要睡,什么都不要,也是一种执着。就如刀锋犀利,可以用来割草砍柴,也可以用来杀生害命,为善或为恶,全凭如何运用。

金钱能带来烦恼,但妥善运用也可成为净财,例如可用于救灾、捐奖学金、济助贫苦、助印经书等,因此,对金钱要妥善利用,使其成为善财、净财。

何谓"色"呢? 比方说:住在高楼华厦里,舒适又美观,是一个色相;人长得庄严标致,也是色相;将佛像以金装为饰,这也无可厚非。修道人不一定要衣衫褴褛,身形邋遢,穿破烂衣服,吃粗劣饮食,才算"修道"。修道成佛,是内在心念的修持,而非呈现在外的色相。以拳头为例,拳头可用来捶背,也可用来打人,同样一个拳头,却有不同的两种作用,"法非善恶,善恶是法",全看如何运用,用在善的地方即善,用在恶的地方即恶。色相也一样,不拒不贪,用得其法,色相也是助道的因缘。

面对名誉,也须不贪不拒。有些人对"高僧"与"名僧"刻意褒贬,认为高僧清高,名僧好名,但此种观念不符合现代的弘法环境。现代僧伽要入世度众,需要有吸引力、号召力,只要心中无名,名声只为弘法用,没有什么不好。千百年来,最有名的名僧即是释迦牟尼佛,我们念他的名、依他的名修行,他有名、出名,以一名而普度

众生,名有何不好呢?

此外,对于五欲中的"食"与"睡",若饮食不调,健康不佳,如何弘法?睡眠不足,四肢困倦,如何精进?只要不暴饮暴食,贪懒贪睡,适当地吃,如法地睡,没有什么不好的。

所以,贪恋财色名食睡固然不好,但适当的财色名食睡,则有益于修道。对五欲,抱持不贪不拒的态度,也是出世应有的性格。

(三) 对世间不厌不求,是出世之性

有的人厌恶世间,一心想躲到深山里隐遁修行。现在佛门里,有个错误观念:问20多岁的年轻人为何学佛?他说:"我要了生脱死!"甚至十几岁的小沙弥,问他出家的原因,也说:"我要念佛,赶快了生脱死!"

这是很悲哀的,这不是现代沙门的正常态度。年纪尚轻,就急急想死,实在好愚痴!"生"还没有安顿好,求"死"有何意义?父母生养你,师长教导你,朋友帮助你,社会栽培你,都还未回馈报恩,谈什么了生脱死?

冬寒春暖,夏雨秋风,皆依季节而更替;《金刚经》《圆觉经》《维摩经》《法华经》经解各有深浅;世间上,无论什么法、什么道,都有修行次第,修道也是如此。

出家,要先了生后脱死,先入世后出世。出世,不是逃避世间,而是发出离心,不贪求染着世俗名利,以清净无染之身心修行。

(四) 对生死不惧不离,是出世之性

不了解生死,才会害怕死亡。

佛门中常讲"了生脱死",但"了生脱死"的意义为何?谁又"了生脱死"了?即使如释迦牟尼佛也没有了生脱死,释尊成道后,虽已断除三界生死,仍然留在世间说法度众。

"了生脱死"有两种意义:一是精神上的清净无染,二是形躯上的无畏生死。生与死,都不在心中,都不惧不离,才是了生脱死。

过去,台北有位信仰佛法多年的信徒去世,使我对"了生脱死"有另一种了解。那时,为感念这位信徒的护持,我带领一群新出家的法师到殡仪馆为他诵经。事后,我挂念这群弟子会起烦恼:为什么才出家就开始赶经忏?

于是我集合大家,作一番说明:"出家众到殡仪馆做佛事,目的为何?亡者的家人亲友,在茫然无助、悲恸中看到法师,好像看到了救星。一场佛事,抚慰了生者的哀伤,这是'了生'。而亡者虽死,未必走得安心,会希望家人节哀,也希望自己能往生净土,法师为他诵经超度,解决死的问题,这是'脱死'。所以,发心抚慰生者、利于亡者,不是经忏佛事,是做'了生脱死'的事业啊!"

参加"短期出家",也是另一种形式的了生脱死。数天的修道日子里,暂时远离悬念的金钱财利、忧虑的工作职业、世俗烦恼及炽燃贪欲,让心地清净,不过问人间是非,不想生活问题,这不是"了生"吗?结束了短短数日的修道生活,对人生有了新的观念、新的方向,不再醉生梦死,不再顾虑害怕,这不就是"脱死"了吗?

"了生脱死"不是以后的事,当下、现在就能"了生脱死"。佛陀在菩提树下的金刚座上,夜睹明星而成正觉,证悟生死解脱之道,即是"涅槃",也就是"了生脱死"。现在有很多人认为"人死了就是涅槃",连自杀、枪毙也叫涅槃,这实在是对"涅槃"一词的侮辱。

"涅槃"，是新生命的开始，不是旧生命的结束。生与死之间，有何可怖？有何可惧？对于生死，要不怕不离，看透放下，才是出世的性格。

七、有护教之忧

"人能弘道，非道弘人"，在佛法的薪传过程中，卫教护法之事不胜枚举。

我个人出家几十年，最担心的是佛门的冷淡、冷清、冷漠。佛门中不是没有热忱的人，多少信徒热忱护持佛教，多少法师热忱弘传佛法，但是，出家众彼此之间，有时缺乏道侣的热忱；要长老大德交棒给年轻人，又往往当头一棒打压下来。

1967年，我为了培养佛教人才，不畏种种艰难，开办了东方佛教学院。当时有一位长老，为了这件事召开会议，不谈佛教如何薪传，佛法如何弘扬，竟然研究如何打倒"东方佛教学院"。幸好有人发出正义之声，说："基督教的书院，天主教的神学院，我们都没有动念要打倒他们，何况是佛教的佛学院，为什么一定要打倒东方佛教学院呢？"由于这番仗义之言，东方佛教学院才得以幸存。至今，我仍然不明白：我办佛教学院有什么不对？他们为什么要打倒东方佛教学院？

在学佛道上，求法、弘法、护法都一样重要。有人认为：出家人以弘法为重，在家人以护法为主，其实不完全如此。弘法就能护法，护法就能弘法，两者是相辅相成，相依相待的。所以，不论出家，在家，都要负起弘法的责任，承担护法的家业。我们应该如何护法？如何对佛教有一片关心、一片热忱呢？

(一) 发心护持是护教之忧

有佛陀讲说佛法,也要有弟子结集整理,后世才有经典可以流传。有人出家修行弘法,也要有人发心供养和护持。原始佛教时期,给孤独长者和祇陀太子,建造祇树给孤独园,供养佛陀和弟子们弘法的身心。迦兰陀长者奉献竹林,由频婆娑罗王建造寺庙,成为竹园精舍,也是供给佛陀和佛弟子生活所居,及说法教化的道场。佛灭度后,大护法阿育王为佛教建寺塔庙、石柱、碑文无数,更派遣大批传教师,分赴各地弘传佛法。其中的摩哂陀,就是到现在的锡兰弘法。

泰国、锡兰成为佛教国家,佛教徒有自己的佛诞日,都是信众护持的结果。佛教推动的事业,都是有益于社会、大众的,唯有每一个人发心护持,有钱出钱,有力出力,有智慧贡献智慧,佛法才能流传。

(二) 不畏权势是护教之忧

护持佛法,要有不畏权势的卫教之心。

唐太宗一世雄主,崇奉李耳道教,一改历朝"佛先道后"的地位,斋僧设筵时,把道士列在僧伽的前面。智实大师不仅上表抗议,奉诏赴宴时也坚不就座,为了护持僧团的崇高地位,受杖责于朝廷,又被流放边疆。有人讥笑他不自量力:"真是不识时务,自取其辱!"

智实大师回答:"我这样做,是要让后世知道,大唐朝还有不受辱的佛教尊严!还有不怕死的护法僧!"

当初我在宜兰成立佛教歌咏队,提倡佛教音乐时,台北有个居士很惊慌,认为是末法时代的歪风,会毁灭佛教,于是派人暗杀我。

有人劝我停止,不要得罪权贵,我不肯,回答说:"就算杀了我,我也要提倡佛教歌咏!"

如果当时没有歌咏队,佛光山慈惠法师恐怕就不会出家,今天佛门龙象中,也就不会有像慈惠法师等这许多那么优秀、有担当的人才了。

(三)欢喜赞叹是护教之忧

"若要佛法兴,只有僧赞僧",僧团和谐,僧团相赞,是佛教复兴的力量。只要是有利于众生,有助兴教的,我们都要有随喜赞叹的心:某某法师很会讲经,很好,赞美他;某某法师建了很多医院,慈济众生,太好了,赞叹他;某某法师致力僧伽教育,培养佛门龙象,好极了,礼赞他。

台湾的昭慧法师,曾经为了"思凡事件",准备走上街头抗议,我特别从美国致电给她,表示绝对的支持。一个法师为了护教卫法,义无反顾走上街头抗争,实在是很了不起的。

在教团中,常常彼此批评攻讦。佛陀降服了魔王波旬,魔王波旬还不死心,狞笑着对佛陀说:"我要穿你的袈裟,做你的弟子,来破坏你的僧团!"

佛陀为僧团的前途忧伤,流下了泪来。"狮子身上虫,还食狮子肉",现代的僧伽和僧团,应该好好团结,互相支持协助,大家共济同襄,彼此欢喜赞叹,佛教才有光明灿烂的未来。

(四)服务奉献是护教之忧

佛光人的信条是:"给人信心,给人欢喜,给人希望,给人方便。"

这四种信条,都是"给人服务"。所谓"欲为诸佛龙象,先做众生马牛",没有服务的性格,如何能成为佛门龙象?没有广结善缘,又如何具足福德因缘?"千处祈求千处应,苦海常作渡人舟",观世音不是有求必应,处处为苦难众生服务吗?

禅宗的马祖道一和百丈怀海两位高僧,各以洞察先机的睿智,因应中国文化与时代背景,一创丛林,一立清规,改变僧侣的生活方式,建立了自食其力、安心办道的僧团,这也是护教卫法啊!

兰阳仁爱之家的依融、绍觉法师,在老人群中服务了30多年了,替老人洗脚、净身、侍病、洒扫,不嫌肮脏,没有怨叹,没有苦恼,这种服务奉献,也是佛教的一种形象与卫教的表征。身为佛弟子,当常自省:有没有发心护持?有没有不畏权势?有没有欢喜赞叹?有没有服务奉献?有没有护教的热忱?佛教两多年来的慧命,不就是多少高僧大德经年累月护法,才绵衍薪传的吗?身为佛教的僧伽,更应有护持佛教的热忱,才能庄严光大佛教!

八、有容人之量

古人说:"有容乃大","容人之量"就是人的心量。我们的心,要像泰山、大海一样,无所不包容,无所不接纳,才可以大到无边无际。佛法常讲"万法唯心",世界是我心里的世界,众生是我心中的众生。既然是"三界唯心",我们的心量能包容多少,我们就能拥有多少;我们心中容得下天,容得下地,我们就拥有天,拥有地,乃至扩大到无边无际的"心包太虚,量周沙界"。可惜的是:我们凡人的心量,有时候竟比眼睛还敏感,一粒沙都不能见容,还谈什么上容天,下容地呢?

有些学佛的人心胸狭窄,容不下家人,容不下亲戚朋友,有时候连师兄弟也不能宽容。不能包容大众,又怎能"心怀众生,胸怀宇宙"呢?什么是"容人之量"?

(一) 包容是容人之量

学佛的人,顺境的好因好缘能接受,逆境的逆增上缘也能增益道行。我们的教主释迦牟尼佛,虽然三番两次遭受提婆达多的诽谤、中伤、迫害,却从来没有恨过他,反而赞叹说:"提婆达多是我的善知识和逆增上缘,他屡次费尽心机忤逆我,却能令我道念增上。"没有罪恶,哪有善美?没有黑暗,哪有光明?没有恶毒,哪里有慈悲?没有提婆达多,哪里会有佛陀?因此,我们在生活中被人欺负、陷害,不要难过,不要气忿,真正输赢的关键,要看你道行如何。你能包容他,你就比他伟大。

如同《四十二章经》所说:"恶人害贤者,犹仰天而唾,唾不至天,还从己堕。逆风扬尘,尘不至彼,还坌己身。"用恶言语骂人,恶因种恶果,灾祸还是归于自己。再多的诽谤、陷害,都打不倒有包容心的人,只怕你不能包容。

(二) 忍耐是容人之量

忍耐,是遇到困苦、灾难时的耐烦力、自制力。有时不是自己脾气好,而是没有让你生气的因缘。

西藏密勒日巴尊者,年轻时持习咒术,造了一些罪业,后来悔改知错,不远千里皈依马尔巴上师学道。上师因为他的根习未净,为拔除他往昔所造罪业,再三应机度化,在生活里锤炼他忍辱的心性。密勒日巴做任何事情,都受到上师无情的喝斥、咒骂;要他建房子,拆了又建,建了又拆,如是数十回,终于激发了他的大忍耐、大精进,修得无上正法。

所以,在生活中,人我不如意要忍耐,事情不顺意要忍耐,人大我小也要忍耐,利、衰、毁、誉、称、讥、苦、乐,更是我们学佛者忍耐的目标。

(三) 平等是容人之量

众生都有佛性,人人都能成佛。佛陀说:"我是大众中的一个"。佛是成佛的凡夫,凡夫是未证道的佛。我们如果平等视众生,又有什么众生不能包容?

《金刚经》说:"灭度一切众生已,而无有一众生实灭度者……若菩萨有我相、人相、众生相、寿者相,则非菩萨"。真正行菩萨道的人,对于一切众生,不能有分别心,要以平等心去度化。

要以平等心对待一切人事,你我是一如,自他是平等,自然能去除贡高我慢心,又有什么事不能包容呢?有平等心的容人之量,自然会受到尊重,获得帮助。

(四) 吃亏是容人之量

人与人之间,常常争自己的好,争自己的大,希望拥有和快乐,所以彼此之间,常常不能和谐容忍,这是千百年功利心态的"所知障"。吃点亏,会获得意想不到的法喜;吃亏,就是容人之量。如何奉行吃亏原则呢?

你好我坏:不小心把杯子打破了,我们都会责怪人家,指责对方不小心。如果我打破杯子,马上道歉:"对不起!对不起!我太不小心了!"你也立刻引咎自责:"不怪你!不怪你!我不该把杯子放在那儿!"每个人不互相攻击指摘,人人认为自己错、自己坏,自然就和谐无争了。

你大我小:人都有优越感,希望自己比别人伟大、高强,当然会有争执。如果人人"让你伟大,我来渺小",自然能化戾气为祥和。其实,渺小者又岂真渺小?反而是"能容为大"、"能忍为大"。

你有我无:有是有限、有量,无才是无限、无尽。拥有的人生是有穷、有尽的,享有的人生则无限宽广。我们不要从事相上去贪求,应从佛法、精神内涵上去追求。

你乐我苦:一般人总是好逸恶劳,只求一己之乐,不顾他人苦楚,这是世间争执的根源。我们要把欢喜给别人,把希望给别人。别人快乐了,我们也感染快乐。先天下忧,后天下乐,才是修行人的大气度。

有容人的无限心量,就是一种禅。永嘉玄觉禅师有一首歌:

行亦禅,坐亦禅,语默动静体安然;

纵遇刀锋常坦坦,假饶毒药也闲闲。

刀锋毒药,都伤害不了宽容、包涵的心胸。修行人不怕没有容人之量,只怕不肯包容,不肯忍耐,不肯平等,不肯吃亏。没有容人之量,怎能算是佛弟子?

九、有忍辱之力

忍辱,忍受侮辱,含有宽容、耐性、坚毅的意思,是大乘佛法六度中的一种,即忍辱波罗蜜。忍辱波罗蜜,除了有忍辱、忍让、耐力、坚毅、宽恕等意义，还有一种特殊的含意，就是"充分的认识"或"认可"。菩萨行者，从最初的生忍到证无生法忍，必须充分认识法性，才能践行真正的忍辱波罗蜜。

经典里说：一个人持戒的功德、布施的功德，都不及忍辱的功德。释迦牟尼佛"三祇修福慧，百劫修相好"，相好的福报，都是由"忍"而来的。过去长老大德们的成就也都因为能"忍"。慈航菩萨告诉我：他能那么有福相，是因为能忍受他人的污辱。发了菩提心的人，要成就菩提，利乐众生，就必须制服难忍的瞋烦恼，升华自己的佛性。三业中，口业最难忍。有人口上隐忍不讲，心中仍计较、怀恨，会说："我心中在滴血！"忍，不止忍于口，更要忍于心，这才是真正的"忍"。佛陀曾说："一个修道人，不能忍受侮辱、毁谤、辱骂如饮甘露，不名修道人。"

"忍"这个字，上面是刃，下面是心，像一把刀刃插在心中，是很痛苦而不易做到。有的人能够忍苦耐劳，但不能忍受侮辱诬蔑；有的人能够忍气耐劳，但不能忍苦耐烦；有的人对环境能逆来顺受，受伤害也不肯报复，但心中怨恨的种子却在潜意识里酝酿，移形变性。佛经说：

　　佛前多劫兴供养，所积广大之福德，
　　一念瞋心才兴起，尽焚彼福成灰烬。

这首箴言，有很大的警惕作用。如何才能有忍辱之力？

（一）思维是忍辱之力

忍辱，不容易，需要正心、正思维，来加强我们忍辱之堪忍性。受到伤害时，要想到：

1. 那些伤害我的人,他是不由自主的,是被环境、烦恼所指使,才会如此。要对他起悲悯心,不起怨恨或报复之心。

2. 我现在受伤害,可能是过去世自己作恶的果报;我若报复,则冤冤相报永无休止,唯有彻底宽恕,以德报怨,才能解脱恶缘。

3. 我能忍辱,则能动心忍性,增益所不能,加强修道的能力,成就菩萨的庄严。

4. 思维一切法,皆须臾变灭,苦、乐、怨、爱也是昙花暂现,如梦、幻、泡、影,无有实体。对于空虚假相,何必起瞋恚之念呢?

5. 我为一切众生发菩提心,誓作利益救护,摄受一切有情。只应利于众生,何能怨害众生?

有一次,罗睺罗跟随舍利弗去托钵,路上遇到恶少年,把沙石倒进舍利弗的钵中,又用棍棒殴打罗睺罗,一面挥棒一面挑衅:"你们沙门口口声声讲忍辱,行慈悲,我打破你的头,你忍辱慈悲给我看!叫呀!叫呀!"罗睺罗被打得血流满面,衣襟都染红了。他没有回手,只是默默走到水边,掬起清水洗去斑斑血迹,这样忍辱包容的力量,折服了恶少的骄蛮,从此敬重出家人。

(二) 耐苦是忍辱之力

在一般环境中,忍饥忍饿、忍冷忍热、忍苦忍乐,都比较容易。经典中,所描述修行人的耐苦,十分感人,这些苦行就不是普通人能忍受的。如:

1. 威仪处苦:出家人须保持一定的威仪,行、住、坐、卧、斋食都有一定的规矩。例如坐时不能跷腿、颤腿,走路不能左顾右盼、大声哗笑,连平时胁着床座也不可以,这是一种苦行。

2. 摄法处苦:修行佛法,有时勇猛精进不能得,有时寻师不遇,有时遇而不传,有时资粮匮乏,有时说法而人不信受,这些求法、修法、说法的痛苦,也鲜为人知。

3. 利他处苦:利于众生时,有时会受到误解、妒忌、诽谤,以及种种烦扰身心的纠纷,这都是逆增上缘,要以慈悲、容忍去利他,坚毅地克服逆障。

4. 修持处苦:因修持善法、弘法时,身心发生的疲劳现象,菩萨皆应忍受克服。一个出家人,纵然生病、痛苦,只要站在信徒面前,就必须精神奕奕;信徒要求开示,就得给他欢喜,连吃饭、如厕都要延后,一切先人后己,凡事需要忍耐。

修行人要有忍辱之力,就要耐苦,要忍耐世俗变幻无常的苦恼,追求生命真实永恒的净土。《景德传灯录》云:"直须密契心心地,休苦劳生睡梦中。"世间诸苦算什么?不都是泡沫云烟吗?忍它一时又何难!

(三) 坚毅是忍辱之力

梅花在寒冬里坚毅苗放,才有盈天地的扑鼻香;石灰经过千锤百炼、烈火焚烧,才留得清白在人间;释迦牟尼佛如果没有坚毅的耐力,如何能降魔而证道?玄奘大师"宁向西天一步死,不回东土一步生"的愿力,使他屡仆屡起渡过八百里流沙,成就了一代佛法。鉴真大师以70岁高龄之身弘传戒法,远渡日本7次受阻,双眼尽瞎,仍然不惜性命赴日本传戒,绍隆佛法。这些都是靠坚毅忍耐之力,方能成就。

坚忍,就是力量。《维摩经》说:"一切烦恼,为如来种。譬如不下巨海,不能得无价珠宝,如是不入烦恼大海,则不能得一切智宝。"在人生的烦恼大海里,佛法是救生筏,坚毅忍辱是泅越苦海,登上如来舟筏的力量。

有名的浮山法远禅师,一生得力之处,就是坚忍求法。他和天衣义怀等八人,在寒冬凛冽的气候下,千里跋涉,向归省禅师求法,走了几天几夜,磨穿了鞋,冻伤了脚,想不到一见面就被呵骂驱逐。八个人累得瘫痪地上,不肯走,归省禅师提了桶水来,兜头一泼,把八人的衣褥都泼湿了。寒风如刀,湿衣贴在身上结了冰,八人冻得牙关发抖,痛苦难当,六个人愤恨离去,唯有法远与义怀整衣敷具,长跪祈请不退。归省禅师将手中禅杖一顿,厉声喝斥:"还不走,难道要我棍棒打走?"

法远禅师浑身寒颤,咬紧了牙恳求:"千……千里……参学……不是一勺水能泼走的。您……就是用棍棒打……我们也不离去。"

归省禅师点点头,伸手把他们扶起来:"好!真正有心参禅,可以留下来了!"

在横逆挫折中,不动如山,就是一种力量。

(四) 宽恕是忍辱之力

经典上说:"怀怒难入菩提道,故应修恕及慈悲;大觉不由别处寻,惟依忍耐能获致。"心怀愤怒的人,怨毒钻入身心,像中了毒箭一样,会感到种种精神焦虑和烦恼,难以进入菩提道。只有勤修慈悲及宽恕,才能在忍辱中获得正觉,获得智慧。佛陀是"容忍的大海",能忍受一切伤害他、侮辱他的人,宽恕一切诽谤他、诬蔑他的人。佛陀在大众前,在过去现在未来的任何时间,任何地方,永远容忍、宽恕伤害他的人,毫无报复、怨恨的意念。

提婆菩萨学识渊博,才辩敏捷,降服了很多外道,让他们剃除鬓发,皈投佛门成为释子。有一个外道弟子,看见自己的师父被提婆降服,改信佛教,就发恶誓要杀害提婆。有一天,趁提婆独自一人在菩提树下禅坐经行,悄悄持刀向尊者靠近,恶狠狠地一刀刺向尊者胸腹,狂笑着说:"哈哈!你以利口破我师父,我就以锐刀破你胸腹;你以佛法的空刀挫败我,我就用锋利的锐刀杀害你,看看谁的威力大!"

提婆五脏坠地,气绝如丝,掩着满胸鲜血,提起最后的真气,气喘吁吁地慈悲嘱咐:"快!快逃!禅座上有三衣一钵,你快拿去,逃往深山,不要回来。我的弟子中,尚未证得无生法忍的,会怀恨你杀害我,把你治罪,你赶快逃命吧!"

外道弟子听了,惭愧得无地自容,匆匆抓起衣钵,向提婆顶礼三拜逃去。弟子们闻风赶来,看见师父被刺杀的惨状,忍不住惊恐号泣,捶胸顿足,要捉拿凶手治罪。提婆菩萨喝止他们:"诸法实相,本无怨亲,本无贼害。他加害的是因果业报,不能损我一丝一毫。你们不要妄起愚痴,以狂追狂,以瞋止瞋,冤冤相报,何时了尽?"

提婆菩萨以身殉道,以宽恕的心胸慈悯一切众生,这是我们要学习的忍辱之力!

十、有菩提之愿

《劝发菩提心文》说:"入道之门,发心为首;修行急务,立愿居先;愿立则众生可度,心发则佛道堪成。"为什么诸佛菩萨能成佛做菩萨?就是依愿力而成。学佛的人,不发菩提心,不立大誓愿,纵然修行累劫累世,依然会在天道中轮回。所以《华严经》说:"忘失菩提心,修各种善法,是名魔业。"我们学菩萨道,就是要发大誓愿。

释迦牟尼佛有"若不成佛,誓不起座"的大愿,阿弥陀佛发四十八愿,药师佛有十二大愿。四大菩萨中,观音菩萨十二大愿,普贤菩萨十大愿,文殊菩萨也是十二大愿,地藏菩萨"地狱不空,誓不成佛;众生度尽,方证菩提"的大愿更是震撼人心;这些都是诸佛菩萨成就佛道的悲愿。汐止的慈航菩萨,肉身至今不坏,也是他的愿力效应;因为过去有人想借用他的道场,供养青年僧伽住宿,感发他立肉身不坏之愿,来成就这些青年僧伽。

现在佛教徒最缺乏的就是"菩提之愿"。如果佛教徒每天都决心"我愿努力护法,我愿常修忍辱,我要戒去贪瞋痴,我发愿……"佛教必定很有力量,社会净化工作也会做得很好。我们天天"自皈依佛,当愿众生……"的三皈依三愿,就是发愿。现代人的发愿是敢唱不敢做,能说不能行,比方说:四弘誓愿(众生无边誓愿度,烦恼无尽誓愿断,法门无量誓愿学,佛道无上誓愿成),唱得很庄严,很慈悲,可是真正受持、实践的有几人?什么是菩提之愿?

(一) 四弘誓愿是菩提之愿

四弘誓愿,是修学菩萨道者的通愿。也是菩萨道的根本。

菩萨,就是成全圆满一切。有一众生未度,他不放弃;有一分别心未除,不算菩提。《华严经》云:"大海之水可饮尽,刹尘心念可数知,虚空有量风可系,无能说尽佛境界。"菩萨境界高广深远,我只能简略说明:

"众生无边誓愿度":人间有情、无情的众生要度,自己内心贪瞋、烦恼的众生也要度。

"烦恼无尽誓愿断":贪求世俗欲乐的烦恼要断,好名闻利养的欲心要除,喜欢怨骂批评的习气要改,一切惭耻不安的罪业不要造作。

"法门无量誓愿学":八万四千法门,门门可以入道,要广学、博学。

"佛道无上誓愿成":众生度尽,我愿方尽;菩提道成,我愿方成。要发这种大心,才是真正发菩提心。

透过四弘誓愿,个人可依自己的性向、职业、环境,与自己的愿心相应,与佛法相应,与慈悲相应,与智慧相应。例如自己有贪吃、挑食的坏习惯,依弘愿日渐消除;自己有偷懒懈怠的习气,依弘愿矫正求精进;自己是医生,依愿力帮助众生解脱痛苦,以医道慈悲济世,不就是现代的药师如来吗?

(二) 悲智愿行是菩提之愿

佛教的四大精神"悲、智、愿、行",以观音、文殊、地藏、普贤四大菩萨为代表。每一精神中,也涵盖了其他三种精神,像地藏菩萨怜悯地狱众生的煎熬,发下"地狱不空,誓不成佛"的悲心,这种大愿就包含大悲、大智、大行的精神。

我们可以依照自己的性向,学习他们的精神:我生性慈悲,就学观音的精神,给人慈悲的微笑,给人慈悲的语言,给人慈悲帮助的手。

也可以学普贤菩萨的十大愿:

1. 虔诚礼敬诸佛,养成对众生人格的尊重。
2. 时时称赞如来,作语言的布施。
3. 随心随力供养,广结善缘。
4. 时时忏悔业障,在生活上自我反省。
5. 常常随喜功德,达到心意的净化。
6. 多请法师开示,传播佛陀真理。
7. 供养僧伽,崇敬礼遇,以效法圣贤。
8. 常随佛学,以增进智慧。
9. 恒顺众生,重视民主、民意。
10. 普皆回向,祈望世界和平。

也可以学习文殊菩萨的精神,广修智慧利益人天。只要你发菩提之心,实践"悲、智、愿、行"四大菩萨精神,人生就会清净圆满。

(三) 六度万行是菩提之愿

六度波罗蜜,是行菩萨道者必须修持的法门。佛陀在往昔修菩萨行时,就常于畜生道中,广学六度法门。如何依六度行菩提大愿呢?

1. 以布施来度化人群:布施是给予,把自己的所有给那些需要的人。我们可以布施钱财;可以布施佛法的道理和修行的方法,来利于他人;可以布施无畏的精神,去保护他人。舍利弗曾以神通眼作布施;佛陀在过去世时,曾为一句真理,而以身布施;亦曾听闻《法华经》而舍弃王位、妻儿,以身侍奉阿私仙人。这些都是布施的典范。

2. 以持戒来节欲守法:社会上有许多人犯法,都是因为他们犯了五戒,伤害别人的生命、财产、贞节、名誉、身体。如果人人持戒守法,社会就会安和乐利;自己持戒守法,也推己及人守法节欲,这也是行菩萨道。

3. 以忍辱来修持己行:有忍辱心的人,就有修持。能忍不平,才能与人和平相处;能忍一时意气,才会海阔天空,能忍无情的辱骂、诽谤,才能成就一切功德。

4. 以精进来降伏魔怨:有精进心,必能成就道业;有精进心,必能获得正法;有精进心,必能去除烦恼;有精进心,才能担负一切。菩提大道也唯有精进,才能长驱直入无挂碍。

5. 以禅定来安住身心:禅定,是菩萨度化众生的原动力。有定才能生慧,有慧才能破除烦恼魔。禅定境界"微、密、深、妙",有世俗难以窥知,语言不易诠释的轻安法乐。禅定,能安住我们的身心,证入自在无碍的境地。

6. 以般若来启发愚蒙:般若智慧,是大乘佛法的精华命脉,也可说是大乘佛法的主体。般若智慧,使我们由迷转悟;般若智慧,使我们由痛苦的此岸渡到彼岸;般若智慧,让我们断除三界生死;般若智慧,也让我们与诸佛菩萨同在。

修持菩萨道,要以六度波罗蜜,作为渡过生死苦海的筏,它也是我们的菩提之愿。

(四)发心精进是菩提之愿

我们虽然没有高僧大德的大悲大愿,但可以广发小愿汇集成

大愿,来成就佛道。例如:

发愿典座一星期,行堂一个月,柴头一年,库头二年……

发愿每天念佛一万声,礼佛一千次,诵经几十遍……

发心打扫厕所,替大众扫地、拭窗……

发愿每天说十句好话,每天与人结十个善缘,给人十个欢喜,救度十个愁苦人……

……

只要肯发愿,真实践履,无事不能胜任。《劝发菩提心文》云:"勿谓虚愿无益,心真则事实,愿广则行深。虚空非大,心王为大;金刚非坚,愿力最坚。"

凭着坚强的愿力,由小及大,日积月累,所有的苦难都可以纾解,可以精进成就菩提。

有一次,佛陀讲经时,阿那律尊者打瞌睡,佛陀警示他:"咄咄汝好睡,螺蛳蚌蛤内,一睡一千年,不闻佛名字。"

佛陀问他:"出家,所为何事?"

阿那律羞愧不已,立刻跪地忏悔,发愿尽形寿不再睡眠。阿那律发愿之后,朝夕精进不懈,竟使眼睛瞎了。佛陀怜悯他,教他修习金刚照明三昧,阿那律因此证得天眼通。这固然是佛陀慈悲威力的加被,也是阿那律发坚定愿力,精进修行才成就自己的。

有一首偈语,劝人广发菩提愿,我特别收录在佛光协会的十二礼拜法中:

我今发心,不为自求,人天福报、声闻缘觉,乃至权乘诸位菩萨,唯依最上乘,发菩提心,愿与法界众生,一心同得阿耨多罗三藐三菩提。

我们发菩提心,不为自己,不要人天福报,不要声闻缘觉菩萨,我只要依最上乘佛法发心,愿与天下苦难众生同生死,同得阿耨多罗三藐三菩提。这不仅是佛光人的理想,也是大众学佛修道的目标。

无论出家或在家,如果能具备以上十有思想,且将之融合、注入自己的身心里,相信定能现生平安吉祥,并进一步证悟人生的生死涅槃。

1991 年 8 月 7 日讲于佛光山

青年之病

去除毛病的方法,就是把"不"改为"要",
即:"要耐烦"、"要落实"、"要回头"、"要认错"、
"要着意"、"要发愿"、"要行慈"、"要求深",
以佛法的镜子来端正举止,
以佛法做导师,引导我们走向正确的方向。

俗语说:"人吃五谷杂粮,哪有不生病的!"其实,人生岂止是身体上的毛病?维摩诘居士说:"因为众生生病,所以我也生病。"众生究竟害了什么病?时下的佛教青年又有哪些毛病?以下分为八点来探讨"青年之病"。

一、不耐烦而无恒

一般青年,待在一个地方太久就不耐烦、读书读太久就不耐烦,工作时间太久也不耐烦,不耐烦几乎已成为今日青年普遍的通病。现在的青年缺乏古人安止于一处的定力,身心浮动,好比滚动的石头,是无法长出苔藓,成为坚固不移的盘石。

社会的公司行号在面试求职者时,必定会问:"你曾在哪些地方服务?"有的人回答:"我曾在某地方工作半年,在某地有三个月的经验,然后才到贵公司来应征。"这样的人,往往不会被录取。常

换工作,并不代表工作经验丰富,反而暴露出这个人对工作不耐烦、无恒心的毛病,不能安于自己的工作岗位,公司自然不能将业务交托给一个对工作没耐性的人。不耐烦对从事工作是很大的阻碍。

不耐烦属于什么毛病呢?就是"无恒病"。无论做什么事,没有恒心,休想把事情做好,求学也不易有成。古人为了能功成名就,十年寒窗下功夫,汉朝董仲舒年轻时,立志向学,三年不窥园,终于成为一代名儒学者;晋朝王羲之,临池磨砚,写完一缸水,终于成为旷古书法大家。

佛教里因有恒而成功的例子,更是不胜枚举。譬如有名的敦煌石刻,历经多少朝代及成千上万的艺术家,穷尽一生的智慧与生命,而完成惊天地、泣鬼神的奇伟杰作,其技巧之精美,真是巧夺天工、无与伦比。如果没有这些艺术家的耐烦雕刻,今日哪有这么伟大的艺术品流传后世?有恒对于成功立业,实在是太重要了。

有一位年轻貌美的信女,感念病重的母亲靠观音菩萨加被而痊愈,因此发愿要用头发绣一尊二丈高的观音圣像。这位信女把她的头发,每一根劈成四条,以游丝般的发丝绣菩萨圣像。从年轻貌美的小姐,一直绣到老态龙钟的老太婆,经过了60年,终于绣好一幅神态庄严、面相慈祥的观音圣像,为人间留下不朽的价值。虽然信女的眼睛最后也因此瞎了,但是菩萨的慈眼却常照视着人间。她为母恩而牺牲的精神令人钦佩,而她的耐烦有恒,更非常人所能及。青年人平时应常常检视自己:读书耐烦吗?工作耐烦吗?修行耐烦吗?唐朝道宣律师是有名的南山律宗祖师,他听一部戒律尚且反复千次。台北有位佛法造诣深厚的法师,他听《百法明门论》,听了14次还要再听,难道他们不够聪明利根吗?因为耐烦有恒,读书才能通晓;耐烦有恒,做人才能通达;耐烦有恒,修行才能成就,所以说"耐烦做事好商量"。如果不耐烦、没有恒心,即使掘井九仞,不再继续,最后还是功亏一篑,仍然没有水喝,所以"不耐烦而无恒"是青年非常不好的毛病,务必要改正。

二、不落实而幻想

青年往往充满热情不够冷静,容易冲动不够踏实,普遍流于虚浮不切实际。不落实,仿佛是地基不够巩固的房屋,稍微地震就倒塌;又好比堆砌石壁,工程不够坚固,大水来了就崩垮。青年最可贵的地方是富有理想,但是有理想更要脚踏实地去力行,否则建筑在海市蜃楼的理想,就变成幻想了。俗话说:"万丈高楼平地起。"摩天大厦也要从基层慢慢建起,空中楼阁是不能成为事实的。

《百喻经》中有一则寓意良深的三层楼故事:有位富翁前往参观朋友刚落成的三层楼住屋,他非常喜爱装潢得美轮美奂的第三层楼,于是把设计这栋大楼的建筑师请回去,要求建一栋一模一样的高楼,可是只要建筑第三层楼,一层楼、二楼层都不要。这位富翁愚痴的行为,固然可笑,但我们也往往犯此毛病而不自知!为学做事如果不落实,就像前面所说的没有地基的三层楼一样,到头来,一切空幻,什么也不能成为事实。

青年会有不切实际的毛病,是因为青年喜好幻想。本来喜欢幻想并不是坏事,人类的许多文明产物,不少是出自人们的幻想,再经由科学家缜密的计划及实验操作,幻想终于成为事实。譬如过去人类看到鸟飞,幻想自己也能像小鸟一样在天空飞翔,于是科学家努力地创造发明,今天人类也能乘着飞机,穿梭于白云之中,鸟瞰火柴盒似的屋舍、豆腐块般的田畦。在古代,想攀登月球是幻想,但是今天,人类已能乘着宇宙飞船,轻易地在月球表面漫步,这些都是因幻想而成功的例子。

幻想往往是推动人类文明进步的动力,有幻想比没有幻想好,但是如果仅有幻想而不能踏踏实实地去实践,幻想就是空想、梦想。所以青年有了幻想,接着就应该订出一套完整的计划,然后身体力行,实际去做,幻想才会成为理想。因此,有幻想虽然很好,有幻想而又能落实则更重要。

时下佛教青年有些什么幻想?有些青年说:"我将来要办佛教大学、办佛教医院。"也有些青年说:"我将来要建图书馆、建讲堂。"满腔的抱负理想,可是没有踏实去做。甚至别人兴建好的医院、图书馆、讲堂,请其协助管理,也往往缺乏热忱,推托不前。即使有人愿把讲堂,以及沙发、中央空调、隔音门窗等一流设备,送给想建讲堂的青年,恐怕也没人敢承担,因为有许多问题不易克服,例如不会招呼信徒、讲经者难请,再加上本身佛学基础不够深厚,自己不能上台演讲,所以讲堂也只好不办。这都是因为缺乏踏实的功夫,一切美丽远大的理想,只好成为泡影。

因此,有了理想之后,要订出一套严密的计划,以踏踏实实、稳扎稳打的态度,充实自己,实现理想。青年要以脚踏实地的功夫去医治幻想的毛病,坐而言不如起而行,多做少说,才是求学办道的要诀。

三、不回头而任性

青年像初升的太阳,充满朝气,富有冲劲,但是青年有一个通病,就是只知一味向前冲、向前撞,错了或走上歧途,也不知回头,即使前面是墙壁也不管,撞得鼻青眼肿也不知停止。有人劝他:"这样不行"、"那样不好",可是青年就是不愿回头,理由是"好马不吃回头草",以为回头很没有光彩,所以一意孤行,任性到底。

一般人常认为,人生必须向前进取,退后的人生是失败的。但是在佛教里,向前的人生是半个世界,退后的人生也是半个世界;向前的世界是窄门,向后的世界更宽广。例如农民插秧,一步步后退,把秧苗一株株插下去,退到最后,就把全部的田亩插满绿油油的秧苗,由于农民懂得退后,以退为进,因此才能有丰硕的收成,所以禅师说:"退步原来是向前。"

人生也像插秧一样,要懂得退步回头,知道退步回头的人生才会圆满。好比骑马走到悬崖峭壁,如果不知道勒紧缰绳,回头是岸,必定会跌得粉身碎骨。知道回头的人生才有药可救,知道回头的人生是至珍至贵的,"浪子回头金不换",回头的浪子,大家仍然伸着双手欢迎他,因为浪子能在失败中记取教训,卷土重来;过去的失败,是未来言行的借鉴,是推动成功的力量,所以失败对他而言不是羞耻,而是一种考验。

人生之路好像月球的表面,崎岖不平,坎坷难行,什么人不曾跌倒过?跌倒并不可耻,不知道爬起来才是可悲,所以青年对失败应采取的态度是:记取失败的教训,培养回头的勇气,转失败为成功。

古人比喻一个人执迷不悟、不知回头时说:"不到黄河心不死"、"不见棺材不落泪"。古时的人到了黄河能够死心,看到棺材知道落泪。现在的青年,即使到了黄河也不死心,见到棺材还是不落泪,这便是顽强任性,顽强不讲道理,任性不听劝告。

在求知过程中,谁敢保证不曾说错话、下错判断?有的青年会说:"话我已经说了,我一定要这样去实践!""这件事我已经决定了,我一定要这样去完成!"即使错了,他也会以"君子一言既出,驷马难追"为理由,坚持己见,蛮干下去。平时我们常说"君子重承诺",说出来的话必须兑现,但是守信更要重实,重实就要讲理,讲出来的话不合理就要改,做错事就要即时回头。人生应该是苦干、肯干,而不是蛮干。不合理而固执蛮干,只有一错再错,离正道更远。开车时遇到红灯要刹车,不知刹车横冲直撞,一定会发生车祸。在我们的人生路途中,遇到红灯,也必须停车,左右观看,必要的时候,更要回头是岸。

顽强任性、不知道回头的毛病要用什么药来治疗呢?要用佛法的随缘、随喜、随众来医治。泯除个人的意见,随顺大众,以大众利益为前提,对善知识的指示,要能依教奉行,好比上了轨道的火车,才能跑得迅速,顺利到达目的地。

四、不认错而执着

常人最大的毛病莫过于不肯认错,对于自己的过错,不仅没有勇气承认,并且固执不肯认错。譬如吩咐的事情没有做好,就推说"别人没讲清楚"或"时间不够充分,来不及完成";打破了碗,不检讨自己不小心,却怪"地板太滑了"、"碗不结实",都是别人不好,东西不好,自己永远是对的。

古人说:"人非圣贤,孰能无过,过而能改,善莫大焉!"我们不像佛陀,已经自觉觉他、德行圆满无瑕。我们每个人都有缺点,但是有了缺点,不肯承认、不肯认错,就无法改正,如何能够进步呢?平时我们穿衣戴帽,衣冠不整,照镜子就能重新穿戴整齐,仪表堂堂。我们有了过失,接受别人的指正,也能够如无瑕的白璧一般,人格高洁。所以青年凡是肯认错的,进步就快速,不肯认错的,进步就缓慢。

青年为什么不肯认错呢?那是由于我执作祟,执着自己最好、最对,犯了"执着病"。一般人总是"看得见别人身后的影子,却看不见自己身后的影子",对别人的缺点了如指掌,对自己的弊病却执着护短。譬如不守校规被处分,反而怨恨学校太过严格;不按时交作业被登记,怪老师没有再三提醒。写周记,本来是检讨自己一周的功过得失,却变成评论别人对错的功过簿,不是责怪学校管教太严、课程繁重,就是抱怨同学不友善等,始终是批评别人、责备别人的不好,而不知道自我检讨、自我批判。

曾子说:"吾日三省吾身。"贤德如曾子,每天还不忘再三反省自己,青年们是否也能做到这种功夫?战国时代廉颇将军向蔺相如负荆请罪,为后世立下勇于认错的楷模,以廉颇当时的名望尚肯屈就自己向后辈谢罪,不愧为大勇者,青年们应自省是否也具有这种勇气?

生病了需要找医生,才能去除疾病,获得健康。我们也要当自己的医生,勇于向自己的毛病开刀。医师治病,先要了解病况,才能对症下药;我们对自己的毛病也要清楚了解,例如生活习惯不好要改进、思想偏差要改正、言行不当要改过,否则一个不知道自己毛病的人,如何自我医治呢?我们要从佛法中,去忏悔反省平日言行,放弃执着、努力改过。穿衣戴帽需要镜子,修持也需要明镜,青年们要常行忏悔,从佛法的明镜中,学习严以责己、宽以待人,学习认错不执着,做到古人承认往愆、不犯二过的美德。

五、不着意而无心

佛陀曾说过五种"非人",其中有一种是"闻善言不着意"。这种人只知执着己见,对于好话却不用心着意,这是害了"无心"的毛病——对于善言漠不关心。例如师长说:"要把握少年时光,好好读书!""要惜福、要发愿立志!"青年就在心中嘀咕:"老生常谈!""哼!讨厌!"青年对于好话不仅不接受,甚至厌弃,岂不可悲?我们听到金玉良言,应该欢喜,牢牢记住,把它吸收并付诸行动。

我从小到现在,很容易被一句话感动,尤其至理名言,更能深深打动我。我们看事情若只用眼睛、不动脑筋,不用心留意,便会过眼即忘,一片空白。能够为善言所感动,表示这句话已经深深印在脑海,引起共鸣。青年人要多学习用心听话、听好话,闻善言,长养信心,增加善行。

闻善言而着意是长养善心精进的力量。身体有毛病,需要打针、吃药来治疗,我们的精神,也需要善言来滋养。对善言不着意,不用心、不留心,做事得过且过、心不在焉,当然不能成功。譬如有人出家多年,早晚五堂功课还不会背诵。以前有位同学,《楞严咒》背得滚瓜烂熟,因为他花了两个月的时间,每天早课用心聆听,而许多人听了几年还不会,关键就在于用不用心!

"世上无难事,只怕有心人",有决心去做一件事,没有不成功的。青年要处处留心,时时注意,除了用眼睛,更要用心去观察宇宙万物,细思每一项事情的来龙去脉,如此就能无所不及、无所不成。

六、不立愿而无志

小学的时候大家都写过"我的志愿"。有的人立志做工程师,有的人立志做教育家、医生、飞行员、科学家等。同样的,青年进入佛门,也须发愿立志。射箭的时候,需要鹄的;赛跑的时候,需要目标,人生也需要发愿立志,愿力好比汽车加了燃料,风驰电掣,奔跑迅速,是推动我们到达成功的力量。

古来菩萨在因地修行时,即立下恢宏的大愿,像阿弥陀佛的四十八愿、药师如来的十二大愿、普贤菩萨的十大愿,观音菩萨的十二悲愿……佛菩萨发了愿,好比学生订了功课表,愿力激发了慈悲心,就会产生无比的力量,逐一实现行慈济众的工作。诸佛菩萨当初如果不发愿,好比没有方向的船只,随波逐流,能够成为圣贤吗?有愿力才有力量,青年要以愿心来庄严国土、普济群伦。

许多人对菩萨的四弘誓愿,能琅琅上口地唱诵,但是真的有度无边的众生、断无尽的烦恼、学无量的法门、成无上的佛果吗?

现在的青年常常懒洋洋的,做事提不起干劲,打不起精神,读书没有兴趣。为什么?就是因为没有真正发愿。没有发愿,所以没有力量。譬如有青年发愿要编排毕业特刊,发了愿,如同给自己加上一项责任,好像上了发条的时钟,力量就产生了,于是废寝忘食、绞尽脑汁,要把这本刊物编得尽善尽美,此时心无旁骛,一心一意为实现愿望而努力,最后必然能够如愿以偿。

过去的祖师们在一个地方一住就是 10 年、20 年,即使受到任何磨难,也不轻易离去。为什么?因为他们发了愿、立了志,为了将来能够成为法器,所以甘受一切磨炼。青年也须有这种愿心;没有发愿,就害了"无志病"。佛陀年轻时,看到受苦的众生,就有救济众生脱离苦海的悲愿,玄奘大师在幼年时,他就有光大佛教的志愿。因此,青年要希成圣贤,首先必须先学习发愿。

有人说:"佛菩萨的愿心太伟大了,我们达不到。"这是因为不立志的缘故。譬如立志做个好学生,可以发愿:尊敬师长,用功读书。立志要把出家人做好,就应做到:守戒修定、求慧学法、发四无量心、行六波罗蜜,只要有愿力,何患无力完成?《劝发菩提心文》云:"人道要门,发心为首;修行急务,立愿为先。愿立则众生可度,心发则佛道堪成。"如何发愿呢?譬如典座时,发愿烹调得很好,让大众享受甘美羹肴;扫地时,发愿打扫清净,让大众拥有清洁的环境。青年要时时发愿,从各种愿心中,培养成佛作祖的功行。

七、不行慈而自私

佛教最注重慈悲精神,可是现代的青年却缺乏慈悲心,做事不与慈悲心相应。看到众生苦难,没有人溺己溺、人饥己饥的切肤之痛;看到佛法衰微,没有复兴佛教、舍我其谁的慨然之志,一切好像都与己无关。不行慈悲之事,不做有意义的善行,可说普遍害了"自私病"。没有慈悲心的知识,只是邪知邪见。

过去的青年充满热诚,有的立志以"弘法利生"为己任,有的愿到养老院和孤儿院服务,把温暖布施给无依无怙的老人小孩。青年有时也会发慈悲口号,可是真正有机会去实践慈悲时,却畏缩胆怯,不敢行动;慈悲不是挂在嘴上说说而已,而是要身体力行、实际去完成的。青年们求佛法、行佛法，如果不行慈悲，要与佛法相应是不可能的。

青年为什么缺乏慈悲行呢？因为自私，只想到自己，没想到别人；只有个人，没有佛教、众生。以"自我"为中心，所以无众无教，因此慈悲兴不起来。从"我"字的构造来分析，"我"旁边为"戈"字，因为自私，人人谋图己利，所以容易动干戈，有我就有纠纷。佛教的三法印之一："诸法无我"，早就揭橥了千古不变的真理，唯有去除自我，才能和平。但是我们佛教徒太自私，没有把自己奉献给佛教及众生的观念，只要是对自己不利之事，即使对大众有利，也往往吝于布施慈悲。

反观基督教，有多少基督教徒在孤儿院、麻风院中度过了一生的岁月。而我们佛教徒，一个微笑，一句好话，有时都不愿意布施给人。佛教本来是"大慈大悲"的宗教，如果佛教中人都自私不行慈，背道而驰，好比缘木求鱼，只有离佛法愈远。所以我们要去除自私的观念，常行慈悲。

八、不求深而肤浅

过去印顺法师曾与我讨论有关青年缺乏养深积厚的问题。我对他说："现在的青年，在佛学院读了几年书，就急着想回去寺庙当住持，没有过去大丛林中求深求厚的精神。"他对我说："过去的人，生活艰难，要成为一位法师，非得经过十年以上的积养不可。现在的人，生活太容易、太富裕，学了几年佛法，马上成为法师，可以收徒弟、掌管寺院、受人供养。过去的佛学院少，要有成就，非得经过一番潜修不可，现在做法师容易，做住持也容易，很少有人愿意花费十年以上的时间来学习。"

现在台湾的佛学院如雨后春笋,而历来毕业的人,更如过江之鲫,但是有几个人是真正有成就的?而愿意花时间求深求精的人更是少之又少。例如几十年前在狮头山闭关六年的会性法师,狮头山元光寺极力邀他担任住持,但他不肯,跑到乡下隐居阅藏,成为当时本省年轻一辈的青年楷模。

现在大部分的青年都太肤浅,不愿求深,所以成不了大器。在高寒地带的树木,成长缓慢,年轮非常密集,所以质地坚硬,是建屋造桥的好材料。青年们若希望未来能有所成就,能出人头地,现在就必须培养这种积极的态度。做学问不比学技术,两三年便可技艺超伦。佛法是人生的学问,是生生世世的大事,不是学了两三年,就能有成就的。菩萨尚有十地精进,更何况我们凡夫?所以青年们学佛法要下功夫,求深求厚,不能操之过急。

以上仅约略举出青年的八项毛病。医生知道病人所患的疾病,并非主要目的,如何使病人百病消除,身体健康,才是最重要的。青年们知道了自己的毛病,接着就要用心改正。去除毛病的方法,就是把"不"改为"要",即:"要耐烦"、"要落实"、"要回头"、"要认错"、"要着意"、"要发愿"、"要行慈"、"要求深",以佛法的镜子来端正举止,以佛法做导师,引导我们走向正确的方向。身体上的毛病,只要对症下药,便能治疗,而精神上的毛病不容易根治。佛法的八万四千法门,是最好的药方,青年要好好把握这剂良药,自省奋发,使自己成为健康的人。

1977 年 6 月 22 日讲于佛光山

青年的力，菩萨的心

只要你有菩萨心，有创造力，你就是青年；
只要大家肯学习菩萨道，都可以成为青年。

"青年"和"菩萨"虽是两个不同的名词，但实际上意义是一样的。因为所有的菩萨，都是青年；所有的青年都可以成为菩萨。譬如佛教的四大菩萨，观音、地藏、普贤、文殊，每一位菩萨都是没有胡须的青年；释迦牟尼佛经过出家、6年苦行，31岁证悟，成就正等正觉；唐朝玄奘大师，26岁时孤身跋涉，越过沙漠，到达印度求取佛教经典，沿途还记录整理著作《大唐西域记》万余言，至今仍是研究丝路、西域及当时历史、地理的重要参考文献，那也是正值青年的黄金时代。

世间各种人都想表现他的力量。例如年幼的小孩，以哭闹发泄情绪，表现他的力量；妇女以容貌、撒娇来表现她的力量；男人或以权势，或以地位，或以财富为力量；修行人则以道德、忍耐、慈悲来表现他的力量。

青年人也有他的力量。《佛光菜根谭》里有一句话："春天不是季节,而是内心;生命不是躯体,而是心性;老人不是年龄,而是心境;人生不是岁月,而是永恒。"

青年也不是以年龄来论,有的人尽管年龄已经不再是二三十岁,可是他们内心的奉献热忱,比起青年更加热烈,可见得不管年纪有多大,只要你有菩萨心、有创造力,你就是青年;只要大家肯学习菩萨道,都可以成为青年,更何况古人也说"人生七十才开始"。

既是青年,我认为青年人应该要具备四种力量和四种心。

一、青年应该具备的四种力量

(一)青年要有承担的力量

在世间做人,将来能不能成功,就看有没有承担力。我曾建议让现在的青年,年龄到达 20 岁的时候,举行一个弱冠典礼,表示成年了,应具备承担力。还可以举办青年朋友的讲演比赛,让他们宣说自己的理想抱负。从这当中,选拔优秀的模范青年。甚至,让他们经常在佛菩萨、师长、父母、同学面前宣誓:"我要孝顺父母;我要尊敬师长;我要尊重朋友;我要广结善缘;我要敬爱父母。我现在是成人了,我要承担许多责任。"必定能增长他们自己内心的力量。因此,青年的力量,第一要先训练自己有承担力。

有人问赵州禅师:"禅师!你百年之后要往生到哪一个地方?"若是一般人,大多是回答希望能往生西方极乐世界。但赵州禅师却说:"我百年之后会到地狱里去。"

信徒说:"你这么有修行、有道德的人,怎么会到地狱里去呢?"

赵州禅师说:"假如我不到地狱里面去,将来谁去救你呢?"

当然这是赵州禅师的幽默话,但是从这里可以看出,赵州禅师是位肯承担的人。

好比过去的台湾,有人想要求个一官半职,总会想到北部,而不愿留在东部、南部,因为它的各种条件都不及北部好,因此造成这些地方的建设、未来的前途,没有人肯承担。虽然如此,仍然有许多人愿意留在这许多地方发心奉献。所以,不论在什么地方,只要肯承担、有力量,做什么事都会有成就。

信徒问赵州禅师:"请问禅师,我们要怎样参禅,才能悟道啊?"赵州禅师很幽默地站起来说:"这个问题,我没有时间回答你,我现在要去小便了。"他起身走了几步路,停下来回头对这位信徒说:"你看,像小便这样的小事,都要我自己去。"意思是要怎样开悟,我怎么能帮你的忙呢?

很多问题无法交给别人来替你解决,必须要由自己来担当。禅宗常说"丈夫自有冲天志,不向如来行处行。"

凡事要有"舍我其谁"的担当。譬如做一个家庭的媳妇,要有"这个家庭有成就,非靠我不可"的担当;做一个儿子,要有"这个家庭的光宗耀祖,非靠我不可"的担当;每一个地方的建设,要有"非有我一份力量不可"的想法。社会上的人能有这样的承担力,社会必定能祥和。

白云首端禅师在方会老禅师那里参禅修道,久久不能开悟,方会老禅师很挂念,有一天在路上碰到他,就问:"你的师父当初是怎么开悟的,你知道吗?"白云首端答道:"我的老师当初开悟的时候,是为了过桥,不小心摔跤跌倒而悟道的。"何以知道呢?"我的老师悟道以后作了一首偈语:'我有明珠一颗,久被尘劳封锁,而今尘尽光生,照破山河万朵。'"

方会和尚听完这首偈语之后,不但没有给予意见,还用不好听的声音,"哼!哼!哈!哈!"就走了。

白云首端内心忐忑,惶恐不安:"我哪里说错了吗?老师为什么这样笑我呢?"成天饭也吃不好,觉也睡不下。几天之后,实在忍不住了,鼓起勇气找方会禅师请问:"老师!那天我和您说了家师的际遇后,你为什么要用那样的笑声呢?"方会禅师就说了:"你这个人实在没有用,这么没有承担力!你看!我们庙前的广场上,那些玩猴子把戏的小丑们,那样卖力地表演,不就是要博得观众的哈哈大笑吗?而你呢?我才笑几声,你就觉睡不好,饭吃不好,好可怜!一点承担力都没有,怎么开悟呢?"

希望各位今后不论做什么事,不要怨怪别人。要自我检讨,我努力不够吗?我慈悲不够吗?我智慧不够吗?一切自我承担,就是菩萨青年的力量。

(二) 青年要有辨别的力量

现今社会许多人的价值观,正如胡适之所讲的"差不多先生",什么事情都是马马虎虎、差不多、得过且过、都可以,这是因为社会大众缺少辨别的力量。如果青年不具备是非观念、轻重权衡的辨别力量,那么将永远游走于正邪之间而不自知。

举例说,佛光山在台中东海大学旁新设立了一座道场,装潢公司送来几张吃饭的桌子。这桌子的材料很普通,价钱也便宜,只是做装潢的人善于包装,他用金纸镶嵌在每张桌子的桌缘,看起来身价就不同了。有少部分的信徒见到,不明所以就批评说:"一个寺庙道场,干嘛用这么好的桌子?真是奢侈浪费!"

寺院里的法师也说："对啊！我们是道场，使用的物品简单就好，何必用这种桌子呢？"

我就回答他："这桌子不是给你用的。你要知道，这桌子若不把它做得很好，许多有身份地位的人，不会走到这里做我们的客人，更不会成为佛教的信徒。所以要把佛教的水平提高，把道场设备做好，那些人才可能驾临。如果说，用好一点的桌子都要遭人非议，那么阿弥陀佛的西方极乐世界，房屋是七宝楼阁，黄金铺地，不是更奢侈了吗？"

当初李炳南老居士在台中倡导净土法门，说明净土多么庄严、多么美妙，引导大家要求生净土。一个道场的设备若不好一点，怎么能显出佛教的净土之美呢？说话似是而非，知其然，不知其所以然，游走于正邪之间，这是不如法的。

在佛教常常有这样的情况，一作法会活动，就会有人站在门口托钵化缘。有的信徒会去布施，也有人坚持不去布施，因为可能这些人都是假和尚，但部分信徒却说："真施主不怕假和尚呀！"如果不去仔细地辨别这句话，会觉得这话是对的。其实这句话是"正邪之间"。正因为有这些没有辨别力量的信徒滥布施，所以才无法分辨所谓的"真和尚"与"假和尚"。明白说，布施的人也不是"真施主"，这叫做"糊涂施主"。我觉得学佛的人，要加强是非善恶的辨别能力。

又比方说，有些人到佛光山朝山会馆吃饭，看到有些客人饭菜没吃完，会馆就把它丢到馊水桶里去，于是批评："唉！这个寺院怎么这样不惜福呀！这个菜明明还可以吃，却把它丢掉了？"

各位听到以后可能也会说："是啊！这个菜很贵呀！吃不下就

把它丢掉,实在可惜,怎么不惜福呢?"如果这句话是一位张师姐说的,下面我就要问了:"张师姐!拜托你,请你留下来,帮我们吃吃剩菜吧!"因为你说一句话很简单,说完就可以走了,后面却是叫别人吃这些剩菜。再说,就算信徒来吃剩菜,回去后宣传:"到佛光山都要吃剩菜,下次不来了。"万一吃了过期食物而中毒,这个法律责任又是谁来承担呢?

所以类似这种正邪之间的想法、言论,假如我们的青年没有辨别能力,实在很危险。因此作为一个青年,我们要有辨别的能力与智慧,要能明理,权衡轻重。

甚至有人说:"心好就好了,何必再去信什么宗教呢?"这样的话,听起来像是正确,但若仔细辨别,就会发觉这是不对的。信仰如交朋友、选择终身伴侣,俗话常说"交友不慎"、"遇人不淑",一个人交错朋友,会毁了一生的前途;一个女人嫁错丈夫,会失去终身的幸福。我们对于对象的选择,怎么能不小心谨慎?更何况信仰的对象、宗教,更应该仔细抉择,确认正信的宗教!

一个人光是心好是不够的,人生的烦恼从哪里来?苦闷从哪里来?忧愁从哪里来?不如意从哪里来?一切皆因不明理、没有明辨是非的力量。信仰更要有辨别力,要知道哪个宗教比较好。如何辨别、选择正确的宗教信仰呢?

第一,要看宗教的教主,在历史上是不是真实有的?

第二,要看宗教的教主,是不是真有力量,可以解除我的苦难?

第三,要看宗教的教主,它的教义是不是圆满,是不是究竟清净?

有了辨别力,选择信仰就不至于有错。

有一个人无论做什么事都要看黄历、问地理师。有一天,他家里的墙忽然倒塌,压到他的身上去了。他大呼救命,叫儿子赶快来救他。他儿子说:"爸爸,你忍耐一下,我先翻一翻黄历,问一问风水先生,看今天适不适宜动土?"

名作家三毛,经常与灵媒沟通,宁愿舍弃人间的生活,到鬼域与亲友作伴,甚至到最后轻生自杀,引起社会大众议论纷纷。

人为什么不问自己?不肯相信自己?为什么没有辨别是非正邪的力量呢?希望佛教青年们,每一个人都要增加自己的辨别力。

(三)青年要有自制的力量

我常常听到有人这样跟我说"啊!我实在无法控制自己"、"我不能忍耐"、"我是很冲动的,我自己没办法"……自己对自己都没有办法,谁能对你有办法呢?

如果我们自己没有约束自己的力量,那么处在这个五欲六尘、名利纷杂的世间,实在很苦恼。尤其苦难来时不能忍耐;情爱之前无法节制;金钱名利诱惑之下,出卖自己;在权力威武的迫害下,甘受驱役。这些都是需要自制的力量,才能排除的。

信仰最能考验一个人的宗教情操与自我的自制力。比方说信仰佛教,异教徒来跟你说:"你不要信佛教,你来信我的宗教,我每个月给你20万元。"这个时候,你是否会为他的金钱所收买?爱情也可以收买我们,所谓英雄难过美人关,不管男女老少,往往在别人的盛情之下,情不自禁。

又如在权力威胁之下,刀、枪抵住我们,你敢反抗吗?世间任何一件事、一句话、一个人,都可能动摇我们。要你欢喜,便称赞你几句话；要你生气，就说你几句坏话。你的欢喜与不欢喜，都可以随时让他人操纵、左右。所以，人实在是很脆弱的。

有一个老禅师在打坐，魔鬼想要来破坏他，老禅师如如不动，丝毫不受影响。魔鬼摇身一变，没有眼睛，老禅师一点都不害怕，反而坦然地说："这是什么东西啊！怎么没有眼睛呢？没有眼睛也好，就不会去乱看坏的事情。"

魔鬼一看吓不走老禅师，又再变，没有了嘴巴。老禅师一看："哎哟！这是什么东西？怎么没有嘴呢？没有嘴也好，就不会说是非，不会恶口、妄言、绮语。"

魔鬼又再变，手也没有了，披头散发，形象丑恶。老禅师还是神闲气定地说："哎呀！这什么东西，又没有手了。没有手也好，以后就不会打牌、不会盗窃，也不会随便打人，做坏事了。"

老禅师见怪不怪，处变不惊，终于让魔鬼不寒而栗，落荒而逃。就是因为有这种不受外境所动摇的自制力，生活才能安然自在。

(四) 青年要有鼓励的力量

做人要有鼓励、带动的力量。好比一个家庭里，如果有人鼓励、带动，就能增加许多欢乐融洽的气氛。

有一个人每天烦恼不已，他到寺庙里找法师，请问如何消除心中的烦恼。法师送给他四个锦囊，并吩咐说："这四个锦囊不可一次打开，必须在不同时间打开来看。"

到了第二天清晨，这个烦恼人打开第一个锦囊，上面写了四个字"到山上去"。他不知道为什么要到山上去，不过一到了山上，空气清新，鸟语花香，使他感到神清气爽，精神舒畅无比。

回家之后，又打开第二个锦囊，上面写道"你要欢喜微笑"。他就赶紧放松面容，调整心情，赞美太太、鼓励儿子，散播欢喜、散播微笑。家人因为他的心情，也跟着欢喜起来。

到了公司上班时又打开第三个锦囊，上面写着"诚心赞美人"。他就对科长说，你工作做得很好；对科员说，你最近很有成绩。所有公司里的职员听到主管这样的赞美，心里非常高兴，工作就更加卖力。

傍晚下班时，他打开第四个锦囊，上面写着"到海边去，请在沙滩上写两个字'烦恼'"。他就在沙滩上写上"烦恼"二字，才刚写好，潮水一阵冲上来，很快地就把"烦恼"冲走了。当下他体悟到，烦恼不是别人给我们的，而是自己找来的。解铃还须系铃人，要消除烦恼，还是得从自己做起。所以，给人欢喜、给人赞美、给人快乐、给人鼓励，可以改变我们的生活。

像现在的社会之所以有许多怨偶产生，都是因为夫妻间彼此不善于赞美，缺乏相互鼓励。例如太太见到先生回来就发脾气："嫁给你这个穷鬼有什么用，嫁给你真是倒霉，想要什么都没有。"先生听到太太这样的话，真是无比失望，家庭的嫌隙、裂痕慢慢就越来越大。

其实，不管是结婚几十年的老夫妻，或是新婚的年轻夫妻，彼此相互鼓励、赞美是很重要的。做先生的要多一点赞美给太太，例如："今天这个花插得好美丽噢"、"菜煮得真好吃"、"家里真是整齐干净"、"这件衣服好漂亮"、"今天的发型好美"、"今天你的笑容真好看"……先生的一点赞美，必定能增添家庭幸福美满。而太太对先生更要赞美和关怀，比如："你很能干"、"你真有智慧"、"这件事亏得你才做得成"……这些话不管是真、是假都很有用,鼓励的力量是很大的。

佛教青年要学习诸佛菩萨称赞的力量,像称念观音菩萨,菩萨就会寻声救苦;称念普贤菩萨的十大愿,菩萨就会给你满足;称念文殊师利菩萨,菩萨就会赐给你智慧;地藏菩萨说"地狱不空,誓不成佛",带给地狱众生多少的希望与鼓励。可见得,要成为一个菩萨,要具备多少承担、辨别、自制、鼓舞的力量,甚至还要有发心的力量、忍耐的力量……

许多公职人员退休之后,渐渐失去活力;很多运动员从运动场上退休后,失去动力,因为他们年轻时所发挥的是肉体上的力量,为事业打拼,却没有培养精神慧命上的力量,所以退休之后无所事事,渐渐地就感到衰老,这是非常可惜的。因此佛教青年从年轻的时候就应储备良好的精神力量。

精神道德力的基础,在于因地的发心。有了青年的力,接下来就要有深远的菩萨心,才能使力量稳固,永不退堕。怎样发菩萨的心呢?

二、青年要如何发菩萨心

(一) 要有大愿心

一般人求佛拜佛,都是希望佛祖赐给我福报、家庭幸福、生活美满、事业顺利、聪明智慧等,大多都是为自己或家人亲眷求,很少为法界一切众生求。我们学佛应该要发大愿心,为法界一切众生求安乐。

有一次黄檗禅师游天台山时,遇到一个举止奇怪的同参,两人谈笑,一如故人。当他们走到一条小溪前面时,正好溪水暴涨,那位同参叫黄檗一起渡河,黄檗便说道:"老兄,溪水这么深,能渡过去吗?"

那个同参便提高裤脚过河,好像在平地上行走一样自然,他边走边回过头来说:"来呀!来呀!"

黄檗便叫道:"嘿!你这自顾自的人,如果我早知你如此,便把你的脚跟砍断。"

那位同参被他的骂声所感动,叹道:"你真是位大乘的法器,实在说,我不如你啊!"

这意思是说,我们要有"自己未度,先能度人"的愿力,才是真正菩萨发心。我们不要以为法界众生不是我,其实我与法界众生是一体的。假使我的日常用品都很富足,而我周围的人,生活却苦恼贫穷,我每天见到了,是不是心中也会感到苦恼不堪呢?反之,假如我发愿给人欢喜,给人信心,周围的人,一定可以感受到你给人的欢喜,给人的信心、热力。所以要有大愿心,愿普天之下的人都能享有幸福安乐。

甚至发愿舍己为人,发愿化身一棵树,给众生庇荫;发愿造一座桥,给大家行走;发愿常转法轮,度化众生改邪归正;发愿使家庭和谐,妻贤子孝,兄友弟恭;发愿好好教育子女,使其成为国家栋梁、社会中坚;发心每天读多少经、念多少佛、说多少好话、多少笑容。这都是一种愿力的实践。

(二) 要有清净心

一般人的心给成见框住了,所以对什么事情,总是带着有色眼镜看待,这样怎么能清净呢?有的人杂念妄想很多,如女词人李清照所形容"才下眉头,却上心头",这么无常的心念,又怎能安宁、安住呢?

所以不被贪、瞋、愚痴污染的心就是清净心;清净心就是无住、无念、无执着的心。清净心如"百花丛里过,片叶不沾身",如"竹影扫阶尘不动,月穿寒潭水无痕。"

(三) 要有慈悲心

慈悲心是一种无分别、无对待的平等心;慈悲心是人人本具的真如佛性,不必向外求,只要把心静下来,马上就可以体证。从真如自性显现出来的慈悲心,在眼、耳、鼻、舌、身、意等六根门头生起作用,看人都是慈悲的眼光;听到的都是慈悲的声音;说的都是慈悲的语言;慈悲的手为人服务做事;慈悲的心为人祝福回向。

(四) 要有般若心

般若是什么?就是智慧。开发智慧,是改造自己愚痴的认知。人要明理,不明理则会执着、愚痴,胡作非为。所以有人说:"宁与君子理论,莫与小人计较;宁与智者争论,不与愚者论道。"能够了解万物皆因缘法存在,体悟众生与我同体共生的道理,随时懂得人我关系相互调换,才能营造美好和谐生命。因此,用般若智慧来化导愚昧无明,来净化自己的心灵。人无始来今,流转轮回于六道,身体会毁灭变坏,唯有这个般若真心是永远存在不死的,所以般若心是大智慧、大光明。

谈到"青年的力,菩萨的心",青年的力,主要是希望青年们有承担的力量；有辨别的力量；有鼓励的力量；有忍耐的力量。菩萨的心，则是要我们拥有菩萨情怀，发挥大愿心、清净心、慈悲心、般若心。拥有青年的力及菩萨的心，未来才能在社会上立足。

1992年3月1日讲于花莲女中大礼堂

佛教青年的生涯规划

从古至今多少的圣贤英雄,
因为对自我的一生有规划,
才能为人间留下贡献,
留下榜样,留下言教,留下历史功绩。

"凡事豫则立,不豫则废"。行事要有规划,才有依循的方向及目标。至圣先师孔子,一生兢兢业业,用心教育,他规划自己"十有五而志于学,三十而立,四十而不惑,五十而知天命,六十而耳顺,七十而从心所欲,不逾矩",树立了儒家圣人的风范。印度的修道者,一生也有四个时期的规划:

第一,梵行期:8岁拜师求学,以12年学吠陀,习祭仪。

第二,家住期:20岁,返家结婚生子,祭拜祖灵,经营俗务。

第三,林栖期:儿子成年后,家产让子,自己栖居树林修苦行,专心思维,过宗教的生活。

第四,遁世期:退休的时候,断绝世俗执着,被粗衣,持水瓶,游行遍历。

传统丛林中,也有每个学习的阶段性。例如"五年学戒,方得听教参禅",意思是在律仪上受过严格训练,净化自己的身心,养成高尚的气质,合度的行止,然后才可以去研究教理或参究话头;又如"十年之内莫游方",指的是一个出家人的成长,起码要有10年时间的熏陶,才能有坚定的道心、成长的道业,因此这段期间,应该沉潜养成,努力充实自己,不宜外出攀缘。

到了21世纪的现代社会,已经不是"三百六十行,行行出状元",而是各行各业,百花齐放。一个20岁的青年,学校毕业一直到退休之龄,只要认识自己的性向才能,不断自我充实,无论是经商、体育、打球、甚至下棋、舞蹈,一样可以发挥所长,散发生命的热力,发展出一片天空来。

身为佛教青年到底要如何作生涯规划呢?可以从六个方面来讲:

一、从年龄增长来规划人生

(一) 成长学习期

这个阶段,除了知识的学习以外,最重要的是养成良好的习惯和礼貌。有礼貌,才能有所成就;没有礼貌,走到哪里都没有人缘。有良好的习惯,清洁、整齐、威仪、勤奋,纵使智慧不足,学问差了点,还是会受人欢迎。

25岁以前,要将课堂上教授的知识、做事的技术,以及做人的基本道德观念等所学完成,甚至借由苦行,增加自己的精神毅力;或者到寺院丛林过团体生活,接受切磋磨炼。因为父母、师长、朋友对我们的帮助是有限的,唯有自立自强,才能提升自己,幼稚、不懂事只会白白浪费青春。

这个时期,年轻人的价值判断,时常会随着外在环境的变化而改变。例如小孩子在幼儿园的阶段,常常会说:"这是我妈妈说的、爸爸说的。"上了小学,得到老师的教导,他会说:"这是老师说的。"到了中学阶段,以朋友为重,就改口说:"我朋友说的。"等到上大学,经常挂在嘴边的就是:"我女朋友说的"或者"我男朋友说的。"

无论大小事情,都是别人说的人生,并没有真正找到自己。因此,25岁以前,应该找到自己所认为可以安身立命的根据。信仰不是老公公、老婆婆才需要,不论是信奉佛教还是基督教,信仰是青年寻找目标、寻找安身立命之处的助缘。

(二) 实习服务期

到了25～35岁的阶段,要学习与大家合群合作、共生共处,把群我的关系处理好,事业的基础实习完成,把理念付诸实行。

有一个徒众与我相遇,我问他几岁?他很不好意思地说:"我今年40岁了。"

"有什么特长吗?""没有。"

"你会讲经吗?""不会。"

"你会念经吗?""念得不好啊!"

"你会做什么事吗?""没有专才。"

师徒之间难得一见,总要讲几句鼓励安慰的话,但是听到他的回答,感到很失望,终于忍不住对他说:"你都40岁了,怎么还没有学到一点有用的东西呢?"我觉得人生在35岁以前,应该学习创业的基础。

在这个时期,你的学业已完成,应该开始服务大众,将自己所学奉献出来,回馈社会。甚至扩大自己奉献的范围,或做义工,或为义工服务等。世界上最伟大的义工就是释迦牟尼佛,他一生做众生的义工,从来没有要求薪水;观世音菩萨,游诸国土,度诸众生,也是做义工;地藏王菩萨"地狱不空,誓不成佛",为众生解除苦难,是地狱众生的义工。出家人也是众生的义工,他终其一生,都是做服务奉献的工作。做义工比做志工好,志工是有志去做,做好做不好,不一定。义工必定是心甘情愿投入事情,因为有情有义、慈悲、奉献、服务,更为超越升华。

(三) 弘法布教期

到了35~45岁,可以弘法布教。人生犹如一块田地,如是因,召感如是果,在菩提园里栽种菩提种,当然收成的就是菩提果。想要将来有收成,就必须赶紧播下种子。因此,所谓"以弘法为家务,利生为事业",这个阶段你可以广结善缘,利乐众生,发挥所长。

(四) 佛法圆融期

45~50岁,不妨规划为教、学、做并重的人生,一面自学自做,一面将经验传授与人,所谓自利利他,在教学做同时进行的状况,佛法的实践与运用,也会逐渐圆熟。

(五) 经验传承期

65~75岁的人生,应当著书立说,以传承经验;或专职教学,把一生的智慧经验传承给后代。

一直以来,中国人讲究"密笈"、"密传",甚至民间技艺也有所谓"传媳不传女"的说法,因此许多一生努力的技术、技艺,宝贵的方法与经验,都因为这种陋习而失传了,这是非常可惜的。

第二次世界大战时,英国首相丘吉尔讲了一句话:"一个伟大的人物,并不是自我成功立业而已,而是将来要有一个继承人。"这是一句很重要的话。我深信,唯有让年轻人及早出头,未来才有源源不绝的活力与希望;唯有及时"世代交替"才能与时俱进、生生不息。尤其佛教强调传灯,以一灯燃百灯,百灯燃千灯,灯灯无尽,法灯才得以传承下去。

所以,在我58岁的时候,毅然把领导创建18年的佛光山,传给第二代徒众心平和尚。我觉得,人要交棒,要有传承。因为人生就像是一场接力赛跑,要与人竞赛,必须要交棒,才能到达目的地。

(六)云游度生期

75~85岁的人生,可以云游度生,随心所欲;或一面教学,一面游山玩水。此时功成名就,不必为旅费挂念,也不用挂心无人招呼,可以随喜随缘传授经验、阅历,将本土化的人生,扩展到国际化的人生,将经验阅历国际化,扩展宽广的未来人生。

二、从生命四期来规划人生

(一)少年时期,要有礼赞生命的感恩

对一个少年而言,父母生养我们,师长教育我们,国家保护我们,社会成就我们,乃至衣食住行、日用所需,都是很多人辛苦帮助才能维持,因此要有感恩的心。懂得感恩的人,才是富有的人。心存感恩的人,会孝养父母,会帮助朋友,会回馈社会国家。

此外少年时期,要培养尊重生命的态度。我常看到有一些儿

童玩弄小鱼、小虾、知了、蜘蛛、青蛙等动物,到最后,小小的生命都被弄死了。如此不懂得尊重生命的可贵,怎么能保证将来不会打人、杀人,甚至认为杀死人如同踏死蚂蚁一样的轻松呢?

现代科学证实,尽管只是一只小老鼠、小鸡,你每天赞美它,它必定生长得很好;甚至花草树木,每天为它浇水、赞美它,它也会生长得非常茂盛。假如咒骂它丑陋、难看,花草树木也会慢慢枯萎死亡。只要你有爱心,它的磁场力量,都能与万物感应道交的。

佛教讲"十法界",人是十法界的中心枢纽,往上升就是声闻、缘觉、菩萨、佛,向下堕则是天、人、阿修罗、地狱、饿鬼、畜生等六道轮回。而人生究竟要上升或下堕呢?这一生的枢纽就是在少年时期,你未来究竟是成功立业,还是社会的害群之马?重要就在于少年时期要养成好的习惯。

(二) 青年时期,要有自觉信心的价值

所谓"闻善言要着意"。如果大家听到一句话有所觉悟,就能得到受用。反之,我说我的,仍然是我的,对你没有帮助。

人生究竟要觉悟什么呢?"自我信心的价值"。相信自己拥有无穷无尽的能力,如果是一个贫穷人家的子弟,要发心不让家庭永远贫穷,若是一个家世很好的子弟,要发愿维护家庭的传统,继续发扬光大。

各位青年能参加国际佛光会青年分会,这真是千生难遇、万劫难逢的机缘。如果你能把握这种肯定自我信仰的价值,未来一生受用无穷。

(三) 壮年时期,要有活水源头的精进

朱熹说:"问渠那得清如许,谓有活水源头来。"壮年时期,要发愿自己做源头活水。活水在哪里?在我们的心里,我的心中要不断地有活水流出,发愿服务大众,扩大生命内涵,那么,发展出来的生命,都是清净的、美好的。

尤其壮年是人生的巅峰,不可因志得意满而安于现状,不容片刻的犹豫、停顿,否则就是落伍了;也不应因失志落寞而裹足不前,只要有活水源头的精进,就能继续再创人生的另一个高峰。

(四) 老年时期,要有平静欢喜的生涯

人生要能动,也要能静。到了老年的时候,人生"从绚烂归于平淡",这时要静下来,有"大智若愚"的体会,能随遇而安、随心自在、随缘欢喜,这样的生活妙趣无穷。

老年可以莳花植草、品茗下棋,过一种修心养性的悠闲生活,甚至信仰宗教,过一种淡泊无欲的修行生活。能平静地安度老年,面对生死能无忧无惧,这就是人生莫大的福报。

三、从理论观念来规划人生

从理论观念上,怎样规划人生呢?

(一) 20岁以前要建立"当然如是"的观念

富家子弟仗着父母拥有的钱财,要什么有什么,凡事称心如意。家庭贫寒的子弟,生活艰难,或许做过报童、小贩、跑堂、服务

员,赚取微薄的收入。纵使生活艰难困乏,但不必怨叹,这一切都在成就我们的精神毅力,要有"想当然尔"的观念。人生本来就应该是这样的!"想当然尔"这一句话,对我一生受益很多,我12岁出家,在寺院丛林里受着专制、打骂、难堪、挫折的教育。虽然经常被人踩在脚下,受到不被当人看的待遇,但是从小父母就给我一个"当然如是"的观念,老师打我骂我,是应该的;给我委屈冤枉,也是当然的,因为我在接受教育。不论遭遇到什么困难挫折,我都是逆来顺受,所以一生的心情都很平静,乃至后来在弘法过程中,碰到伤害、诽谤,我也告诉自己:这是娑婆世界,社会实相,当然如是,必然如此。年轻的我,培养自己不愤世嫉俗、不怨天尤人的性格,这些打骂,反而激励我,让我更加精进,更加健全。

(二) 40岁以前,要建立"心甘情愿"的观念

40岁是事业有成的人生,因此孝养年老的父母,要心甘情愿;妻子贤惠与否,既已成家,就要心甘情愿;工作上辛苦劳累,也要心甘情愿,为社会尽一份心力;养儿育女,种种辛劳,也要心甘情愿;甚至交朋友,即使给朋友骗了,也要心甘情愿。只要我有力量,就不会倒下去。

像我做和尚,总想,父母没叫我出家,也没有人逼我做和尚,是我自己心甘情愿为众生服务的,因此,就不感到苦、感到难,或认为不好、受委屈。"心甘情愿",这股力量是强大无比的。

(三) 50岁以后,要建立"一切靠我"的观念

人生,靠朋友、靠家庭,都是靠不住的。有担当的人,总是想家

庭的幸福要靠我，社会的和乐要靠我，国家的富强要靠我，佛教的弘扬要靠我，众生的解脱要靠我。拥有这样的观念，人生不管遇到什么逆境都不会灰心。

一切靠我，要先从本身的健全做起，要有这样的愿力、承担，才能创造出光明的前途，为人生开出丰美的花果。尤其身为佛弟子的我们，应当要有"佛教靠我"的信念来护持正法，在浩瀚的宇宙中，发挥正知正觉的力量，为个人及大众无限的生命留下善美深远的价值。

(四) 60 岁的人生，要建立"广结善缘"的观念

俗话经常说："有缘千里来相会，无缘对面不相识。"人和人相遇时也会说："我们有缘。"世间上最宝贵的就是广结善缘，因为人与人之间，都是靠着缘分在维持关系。

人到了 60 岁，更要有广结善缘的观念。如何广结善缘呢？你可以用经济结缘，譬如布施一点金钱帮助人；用语言结缘，对人说一句好话，赞美别人；用功德结缘，就是做善事，譬如修桥、铺路，热心社会公益等；用教育结缘，我传授你技术，告诉你怎样做好人，如何做好事，就是教育结缘；用服务结缘，帮你写字，帮你服务，在自己只是举手之劳，却和对方结了缘。

甚至，也可以用身体结缘，和对方合掌、微笑、点头，甚至劳动、工作，有时候拨出一两个小时，听听别人纾解心里的烦忧，给他一些安慰、鼓励，这是用时间结缘；以物品救济贫苦人家，这就是物资结缘。最重要的是用欢喜结缘，因为世界上没有比欢喜更宝贵的东西，有时我们用再多的金钱、物资送给别人，别人未必很欢喜。

不如用欢喜心与人结缘,不但不需要付出辛苦,而且有很大的收获。你能满众生所求,这就是广结善缘。

(五) 70岁以后,要建立"皆大欢喜"的观念

佛陀曾说,"苦"是世间的真相,俗话也说:"人生不如意事,十有八九。"既然是这样,人与人之间,更要同舟共济,真心相待,尤其为人处事,承上启下最圆满的境界,莫过于"皆大欢喜"。因此,彼此更应本着"皆大欢喜"的诚意,多方沟通,费心协调,照顾每个心灵,达到真正的和平幸福。

尤其到了70岁,是所谓"从心所欲,不逾矩"的阶段,一言一行,一事一物,都能处理圆融,让大家皆大欢喜。

四、从性格志向来规划人生

规划人生可以从性格、志向上着手,为自己的人生找出一条路。譬如:

1. 研究性格:天生具有研究的性格的人,可从事科学、医疗、天文、生物、宗教、哲学等研究。

2. 实际性格:重视现实生活的人,可从事劳工、机械、农业等实际生产工作。

3. 艺术性格:喜好创作文学、诗词、小说、绘画、舞蹈、音乐的人,可立志做一位诗人、画家、音乐家、导演等等。

4. 社会性格:喜欢从事社会工作的人,大多具有合群团队的性格。这种人喜欢做义工,牺牲奉献,精进不懈,可以多多参与国际佛光会活动,过集体创作的生活,发挥团结合作的力量。

5. 开创性格：有创建、有见解的人，可以从事政治，为大众谋福利，或从事产品推销、开发，将好产品介绍给消费大众。

6. 传统性格：具有传统保守、规矩笃实性格的人，他讲究义气，不会出卖主人，可以从事秘书工作。

7. 宗教性格：具有慈悲胸怀、热心公益、乐天知命、安分守己性格的人，可做一个慈善家、修道者。所谓"红尘白浪两茫茫，忍辱柔和是妙方，到处随缘延岁月，终身安分度时光。"宗教生活，能让你过随遇而安、随喜而作、随心自在的布教生活。

大家要立志，五年内，考取国际佛光会的檀讲师、檀教师、檀导师。未来的佛教，必定需要许多有为的菩萨行者出来弘扬；未来的佛教，历经一番革新，必定是从山林到社会、从寺庙到家庭、从僧众到信众的时代，各位青年朋友们要立志，一面传教，一面学习，扩大生命的意义。

五、从美学意境来规划人生

每一个人都希望自己拥有一个真善美的人生，那么应当如何规划呢？

（一）文学的人生

30岁之前，不妨把自己规划成一个文学的人生。因为诗词歌赋的意境，可以陶冶性情；文学中有情有义的境界，可以丰富思想内容；文学里唯美的世界、变幻的人生，可以美化人生，扩大生命，进入真善美的境界。乃至文学里的浪漫意味、理想主义、想象的境界，都是属于年轻人所拥有。所以，30岁以前喜爱文学是很好的现象,应该要有规划地去了解、阅读和研究。

一天不读一本书,就会失去人生的价值,用比较俗气的话说,就是"蚀本"。尤其现在是一个讲求快速的时代,学习怎能不加速进步?好比看报纸,几十张,哪里能一个字、一个字慢慢读?如果能养成阅报的习惯,即使10分钟,也能掌握天下大事、内容大要。除了看书要快,做事也要快。我对于两三个人做同样一件事情,还做不好的情况,实在感到忧心,人生岁月有限,哪里有时间拖拉呢?所以,做事要能运用智慧、灵巧、般若。

我一生没有上过正规的学校,只有在兵荒马乱中,读过不到一年的私塾,甚至一个12岁的小孩上佛学院,每天跟在大学生后面玩,那许多大人根本就不理睬我,甚至还打骂我、欺负我。

直到十七八岁,南京乡村师范学校迁到重庆,图书馆里的书带不走,栖霞律学院把它接收过来,我才有机会被老师派去做图书馆管理员,也才得以埋首书堆,阅读文学作品。这段时期,从中国小说到外国小说,从古代小说到近代小说,几乎无所不看,无所不读,而且读得很快。求学要有一种渴望,一般人以为只有饮食才能填饱肚子,其实知识也能当饱,读书读到禅悦法喜,也是一种饱。

所谓文学的人生,并非只是看报纸,世事变化无常,昨日的报纸内容已是过眼烟云,明日黄花。文学作品的价值,在于它能使人荡气回肠、点滴心头,增加我们对世间的诸多体会。我个人读书很容易受启发、受感动,例如,看《水浒传》,就想到梁山去做好汉;读《岳传》,生逢抗战时期的我,也兴起"精忠报国",去做游击队员,保卫国家的念头。我从小就有救国救民、牺牲奉献、舍我其谁的愿心。

我也曾经遇到挫折,经常被人骂没出息,加上我不善于唱诵,在当时的佛教界,就更不为人所重视了。不过我也常想,有没有出息现在就能知道吗?二十年以后再看看吧!我之所以不被一句话所打倒,就在于我有一点文学的意境,把自己的人生规划出一条文学的路,自我期许,自我陶醉,自我要求。

(二) 哲学的人生

文学是人生美丽的外表,而哲学是宇宙人生的真理内容。30岁至50岁的阶段,要把文学的书籍放下,拾起哲学的书籍,规划一个哲学的人生。因为此时人生的经验阅历增加了,感到深入哲理书籍很重要。

我在这个阶段看《唯识二十颂》《唯识三十颂》《俱舍论》等艰深复杂的论点,甚至学习讲说、思维。人生有了文学的了解,再来通达哲学,也就不为难,对人生的体验,也就会更加深刻了。

从文学到哲学,使我体会到一沙一石里有三千大千世界;一心一念里有无边的法界;从"须弥纳芥子,芥子藏须弥"里,融会文学与哲学的意境与价值;在一句"阿弥陀佛"圣号里安定身心,在蒲团禅坐中,深刻体会"宇宙人生就在当下"。我寻到蕴含在生命深层的真如佛性,感到自己的力量在增加,世间的荣华富贵、穷通得失,有如过眼烟云,我已不在意了。怎样过一个哲学的人生,一般人不容易体会,不过有一个方法,凡事常常提起"为什么"的疑惑。例如有人问:"为什么要吃饭?""吃饭会饱。"这容易回答。但是再问:"吃饭为什么可以饱啊?"就不容易回答了。人生许多的问题,若能多追问几个"为什么",哲学的意境就会出现。

禅宗的参禅,就是要人提起疑情,提起疑惑的心。为什么?为什么?为什么?"父母未生我之前,什么是我的本来面目?"、"念佛的是谁?"、"我是谁?"、"我是什么?"……一直参究下去,人生难以了解的问题就会慢慢地浮现到面前,或许有时会感到很模糊,但是没有关系,因为哲学是属于思维的。佛教提倡"以闻思修入三摩地",闻所成慧、思所成慧、修所成慧。现代年轻人最大的缺点就是没有思想,因为在成长过程中,所读所学都是世间的知识、技术,几十年下来不曾养成思想的习惯。

(三) 宗教的人生

50 岁以后要过一个宗教的人生。人生到此,纵使儿女成群、财富丰足,却也慢慢地感到这些都不是自己的,世间也不属于我一个人的,反而觉得念一句佛号,这一句佛号就是我的;参禅一支香,这一支香的功德是我的;结一分缘,这一个缘分就是我的。此时宗教会带给我无形的安慰、空无的解脱。

想要过宗教的人生不能没有基础。譬如一些人到年老才要出家,丛林有一句话:"骨头啃不动了,才想要来吃豆腐啊!"人生 80 岁了,才想要学吹号吗?已经吹不动了。所以青年时期是很宝贵的,什么事业都要在年轻的时候把握因缘,打好基础。

六、从发心立愿来规划人生

怎样规划人生?首先自问要做一个什么样的人?我认为上等的教育是教我们做人,中等的教育是教我们做事,下等的教育则是把书读好。把书读好,不一定会做事,也不一定会做人,因此,怎样做人很重要。究竟人生何去何从？如何规划自己？举一些浅显的譬喻供大家参考。

（一）要做一个皮箱

出外旅行，手中拎着手提箱，当需要用的时候提起它，不需要的时候就放下它。应该提起时你不提起，就好比人生不奋发、不努力、不勤劳、不能负重、没有使命感，前途就有限；得放下时，而你却执着，怕他人抢、他人偷，天天带着皮包吃饭、睡觉、参观、上课，这不是很累赘和麻烦吗？所以凡事当得提起要提起，当得放下要放下。

（二）要做一面镜子

镜子不只是照我们的面孔、丰姿、仪表，更要照我们的心，是看到我有慈悲心、信仰心、般若心、道德心、责任心、忠心、孝心、爱心呢？还是看到自己面孔的丑陋，心中贪、瞋、愚痴、嫉妒、怀疑等肮脏的垃圾？身体肮脏，要用清水洗，内心肮脏，就要用知识、智慧、佛法洗净。社会讲究环保，不但要美化环境、美化面容、美化语言，还要美化我们的心，经常反观自省。

除了玻璃做成的镜子，世间一切万象，师长朋友，乃至自己的思想也都是一面镜子，人要常常要在镜子前面考察自己。

（三）要做一只彩笔

好比艺术家用彩色的笔，将大地山河美丽的一面呈现出来，人生也要用一支彩笔，画下我们的历史，画下立功、立德、立言，画下对人间的贡献，画下多彩多姿的事业，所以我们要立志为人间留下一些色彩。

(四) 要做一本笔记簿

《了凡四训》的作者袁了凡有一本笔记本,叫作"功过簿",他每天在笔记本上记下自己言行思想的功劳或过失。我们也要能有一本笔记本,每天记下自己在世间的是非对错,做一个检讨、记录和反省。

(五) 要做一支蜡烛

这个世间是众缘成就的,彼此都是我成就你,你成就我。因此一个人绝不可以自私自利,要经常设身处地为别人着想,否则如何在这世间生存呢?把自己规划成一支蜡烛,如同蜡烛一般"燃烧自己,照亮别人",这就是我为人人,人人为我的人生哲学。

(六) 要做一个时钟

一天有24小时;一年有春夏秋冬四季;一生经历有生老病死;甚至在无限的时空里,生命有来来去去。时钟从1点走到12点,又会再回头,人的生命力也要像时钟一样,不停地走,不停地动,如果不走、不动了,那就成为废物了。所以人生要勤劳奋发,进取勇为,要生生不息地向上努力,自我创造。做人不必要求他人欣赏,但自己要动起来,自立自强、自我奋发、自我健全、自我播种,才能有所收成。生命必须不断地升华,才有意义。

人生应该如何规划?立志发愿:

做一杯清水,给人清凉解渴,给大地万物滋润生长;

做一棵树木,给人遮荫庇护;

做一座桥梁,给人方便,让人通过;

做一条大路,让众生可以行走,到达目的地;

做一颗棋子,给人指挥分配,纵使是车、马、炮、小兵、小卒也能立大功;

做一个蒲团,使众生安住身心,体悟宇宙三千大千世界;

做一尊佛祖,只要拥有一颗佛心,承担自己是佛,就不会跟人计较、嫉妒,许多恶习就能消除。因为"我是佛",就不会去偷、去抢、抽烟、喝酒、游乐、赌博。承认自己的佛心,就能重新改造自己。有佛心,眼睛看到的世界都是佛的世界,听到的都是佛的声音,说的话都是佛的语言,手脚做的都是佛的事情。

除此之外,还要自我期许,发愿规划我们的人生,成为智慧灵巧的人生、幽默风趣的人生、服务奉献的人生、忍耐宽容的人生、融和欢喜的人生、逍遥自在的人生、慈悲喜舍的人生、信解行证的人生、自他圆满的人生、从人到佛的人生。

如何规划人生?刚才说到孔子的人生规划,也可以给我们一个遵循参考。十五立志于学,到了三十而立,人生健全了,四十岁就能不受环境的诱惑了。青年朋友也要学习不为金钱、爱情的诱惑所动摇,不为外在的威势而恐惧,甚至不为别人的一句话而起心动念,伤心哭泣或得意忘形;到了五十知天命,你年岁增长了,慢慢就能懂得人间的因果、因缘及群我的关系;六十耳顺时,尽管他人对我们说些是是非非、善恶好坏,心中自有方寸,不会受外在环境影响;到了"七十而从心所欲,不逾矩",这时的人生是最自由洒脱的。

有一次，我在美国洛杉矶，恰巧碰上寒流，徒众对我非常关心，拿了一顶帽子要我戴。我已经七十几岁，可以从心所欲不踰矩，理应可以戴帽子了，但是我仍然把帽子放下来不戴，徒众们怪我为什么不戴帽子，我说："如果我一戴帽子，徒众也会跟着我戴帽子。"

多年前，我有了一部代步的汽车，有些人就批评说："和尚还坐汽车啊！"我当然不好跟他说："我从高雄到台北国父纪念馆，讲经，差一点就赶不上，我不坐汽车，要怎么办呢？"

所以，对于许多问题、想法，都是要经过谨慎思考，才能建立正确的观念。

这里转述一则民间流传的笑话。阎罗王在阎罗殿上审判世间人的善恶，把惊堂木一拍，众鬼魂匍匐低头。阎罗王说道："小李！你过去世在人间做人，乐善好施，并未犯下什么大过，还算忠厚，现在判你再次投胎到人间做人，寿命30年。"小李非常感激阎罗王，礼谢后退到一旁。

阎罗王又把惊堂木大力一拍："老王！你过去在人间急功近利、好吃懒做、不明就理，常常做出许多糊涂事，现在判你到人间做牛，寿命30年。"

老王一听，紧张地说："阎罗王啊！做牛好辛苦啊！要拉车、犁田，做种种的苦工，到了年老的时候，人们还要剥我的皮、吃我的肉……30年当牛的时间实在是太长了，可否给我寿命15年就好了？"

阎罗王回答："这怎么可以，剩下的15年怎么办呢？"

在一旁等候到人间做人的小李跑向前要求道："我做人30年太短了一点，不如把他做牛的15年寿命给我吧！"阎罗王答应了：

"好吧！小李的寿命再加 15 年，可以活到 45 岁。"

阎罗王把惊堂木一拍又说："钱二！你过去在人间欺善怕恶，常常仗势欺人，现在给你到阳间做一条狗，寿命也是 30 年。"

做狗的钱二赶快磕头说："阎罗王啊！做狗好辛苦！吃的是剩菜剩饭，住的是屋檐墙角，无法遮晒避寒，不论是烈日当空或是凄风苦雨，都要看守门户，遇上主人不高兴的时候，还要遭受拳打脚踢的命运，30 年的生命实在太长了，我只要 15 年就好了。"

"那还有 15 年怎么办呢？"

做人的小李又赶快跑出来说："阎罗王！没有关系，做狗的那 15 年再给我好了。"阎罗王没有办法，只好答应。

阎罗王把惊堂木一拍，审判孙三："孙三！你过去在人间用计谋欺骗人，现在让你到人间去做猴子，寿命 30 年。"

做猴子的孙三惊慌地说："猴子在深山里吃树叶、水果，本来可以与世无争，但是世间人经常不愿放过我们，手持着猎枪、弓箭，随时准备射杀，让我们每天生活在担惊受怕里，所以 30 年对猴子来说实在太长了，我希望受报 15 年就好了。"

这时候要去做人的小李又跑出来了："那 15 年再给我好吗？"阎罗王又答应了。小李的寿命从做人的 30 岁加上牛、狗、猴子给的各 15 岁，一共可以活到 75 岁。

这个故事譬喻什么呢？人生起初的 30 年，小时候有父母疼惜，身强力壮，长大后谈恋爱、旅行郊游，是人生最感到有意义的时候，但是毕竟人生如梦一场，很快就会过去了。

30 岁至 45 岁之间，是牛给人的 15 年，这期间娶妻生子，背负家庭生活的重担，如同牛一般必须辛勤地工作。

45岁至60岁的人生如同狗的生命,年过半百的老爸老妈,在家里煮好饭菜后,不仅要让儿女先吃,而且儿女吃饱后,可能把碗筷一丢,就说:"妈妈!今天有朋友约我去看电影。"最后留下了老爸老妈吃剩菜剩饭。甚至儿女们三更半夜不回家,老爸老妈倚门而望,就像狗看门守候一样。

60岁至75岁是猴子给人的15年,这时期的人生就像猴子般,每天生活在恐惧里,担心无常的弓箭随时会射过来。

讲到人生,我们不甘愿像牛、狗、猴子一样过一生,希望活得有意义、有价值,所以不能没有规划。从古至今多少的圣贤英雄,因为对自我的一生有规划,才能为人间留下贡献,留下榜样,留下言教,留下历史功绩。

以上,人生的生涯规划,提供给大家参考,过一个怎么样的人生,就有赖自己的发心和努力。

1997年讲于佛光山"国际佛教青年会议"

参加佛学夏令营的意义

希望青年学子能从佛学夏令营中,开拓自己的智慧领域,
寻求自己心灵的主人,寻找安顿生命的世界,
升华自己的人格,净化自己的烦恼,庄严自己的世界。

为什么要参加佛学夏令营?在炎热的天气里,舍弃家里的冷气、电视、电冰箱等享受,不辞辛苦地来参加佛学夏令营,究竟有什么意义?当然,首先要有"为法而来,非为床座而来"的认识。以下列举几点来说明参加佛学夏令营的意义。

一、开拓智慧的领域

佛学还未东传中国之前,中国读书人的思想,总是局限在自我的天地里,经过佛法的熏陶后,在时间上明白了三世的生命过程,在空间上接受了无限的虚空观念,其他又如业力的润生、因果的事实、涅槃的境界、出世的思想,无一不开拓了我们思想的领域。

禅宗参一句话头,可以参究终生,净土宗的一句佛号,包含了宇宙间的奥义,佛经的翻译丰富了我国的文学创作,佛学的树立为中华文化艺术增添了丰富的内容,自古聪明敏捷的中华民族,再加

上佛教无始无终的思想影响,更如三春花开,五色缤纷,枝枝叶叶繁衍无尽了。一般的知识,只看到人类本身,而佛学可以看到一切众生;一般的知识,只看到现在,而佛学可以看到未来;一般的知识,只看到这个世间,而佛学可以看到十方世界。因此,唯有佛学才是开拓智慧领域的不二法门。

二、寻求心灵的主人

在无穷无尽的时空中,我们轮回生死,无有脱期。对于自己心中的主人,常常认识不清,所谓怀珠作丐,有宝反穷,使得每一阶段的生命,都是心外求法,为物所牵,为物所囚。佛学是一部万能宝典,它比一般学术更能在人生问题上给予完整且周延的解释与指导。对于人生,其他学术仅从枝末上探究,而佛学则从根本上去阐明。佛学给我们的启示是:我们的眼睛不要光看别人,要先看清自己。

尚未找到心灵主人的人,就会善恶不分、是非不明。世间用金钱收买我们,我们的生命就操控在金钱手里;世间用爱情诱惑我们,我们的生命就操控在爱情手里;世间用威权压迫我们,我们的生命就操控在威权手里。一个心灵有主的人,决不会被金钱买动、被爱情诱惑、被威权压迫。如何才能找到心灵的主人呢?唯有研究佛学,佛学是开启心灵之门的一把钥匙。

三、安顿生命的世界

时代的动乱,生命的无依,哪一个人不感到苦闷?哪一个人不感到彷徨?科学不能安顿我们的生命,哲学也不能解决人生的问题,政治、经济及军事,虽然能为世间解决局部的问题,但也为人生带来更大的纷扰。生命应该寄托在一个什么样的安全世界,可以说已是全人类一致的问题。

安顿生命的世界,并非是其他宗教所指的天堂,甚至也不光指佛教里的极乐世界,因为安顿我们的生命,不是指生养死葬,也不是指未来的归宿。如果我们的生命找到安顿,不管生也好,死也好,东也好,西也好,有形的色身虽然像波浪一般汹涌澎湃,但就像水一样,是不会失去它寂静的自性。

有一个真实的世界,可作为生命的安顿,这里面只有平等而没有差别,只有寂静而没有动乱,只有幸福而没有苦恼,只有永恒而没有短暂,这个世界就是觉者佛陀的世界。佛学,是生命之学。研究佛学,不是为了标新立异,也不是为了技能及温饱,而是为了庄严自己,超脱自己,为自己的生命寻找一个得以安顿的世界。

四、升华我们的人格

人之所以称为万物之灵,在于人有尊严,这个尊严就是"人格"。人格,不是父母师长所能给予,也不是黄金、美钞所能购买,人格是由遵循道德中而培养,由契合真理中而升华。有的人流芳百世,有的人遗臭万年,其中的分别就在于有没有人格。

商朝的伯夷与叔齐,耻食周粟,饿死在首阳山,而今日以伯夷、叔齐比人,人人皆喜;夏桀与商纣,都是一国之主,称为人王,而今日以夏桀、商纣比人,人人皆怒。这是为什么?就是人格的分野。契嵩禅师曾慨叹说:"尊莫尊乎道,美莫美乎德。道德之所存,虽匹夫非穷也;道德之所不存,虽王天下非通也。"

在人格的范围内，不以成败论英雄。秦桧杀死岳飞，表面看来，秦桧胜利，岳飞失败，但恶名千古的是秦桧，万世崇敬的是岳飞。吴三桂引清兵入关，希图荣华富贵；史可法损其所有，在扬州抵抗清兵，最后舍身成仁。岳飞、史可法，为历史留下千秋浩气，万古英灵，而秦桧、吴三桂则落得遗臭万年的下场，他们分别在历史上留下了不同的人格表征。

人生在世，有其当为，也有其不当为。当为者，虽是赴汤蹈火，杀身丧命，也在所不辞；不当为者，虽高官厚禄、黄金、美钞，也应该拒绝，这种情操，要在青年时期中培养。在浩瀚无边的佛法中，在庄严宁静的道场里，可以长养青年的信心，以及升华青年的人格情操。

佛陀由于悲悯当时社会阶级的种种不平等，众生间的弱肉强食，毅然抛开王子的荣华，去寻找失去的人格尊严，历经六年的参访学道及六年的修习苦行，终于使佛陀的人格升华，使他成为不灭的真理、人间的慧光。青年们要升华自己的人格，就要依循着佛陀的足迹迈进。

五、净化我们的烦恼

我们生活于五浊恶世，为六尘境界所围绕，不是贪欲作祟，就是瞋恚鼓兴，愚痴邪见，颠倒是非。烦恼，像扭械枷锁一样，紧紧地束缚了人生。青年人由于思想未臻成熟，事业经济未有基础，就业的问题、爱情与婚姻的问题、家庭的问题等等，所面临的这些现实生活问题，使青年们常常被烦恼所苦。有的为了孝顺尊长，放弃自己的理想，成了传统下的牺牲品；有的迎合时代潮流，背弃家庭伦理,作了道德的叛徒。

家里有钱,但金钱不能驱逐烦恼;父母有势,势力也不能化解烦恼。八万四千烦恼,都是障道的劲敌。佛鉴禅师说:"好嗜欲则贪爱之心生,好利养则奔竞之念起,好顺从则阿谀小人合,好胜负则人我之山高,好聚敛则嗟怨之声作。"有的青年因烦恼而自暴自弃,有的青年被烦恼击垮了自己,所以,净化烦恼,是青年急迫的问题。

佛法昭示我们,幸福大门时时为我们敞开,只要摒弃私我,淡泊欲念,建设服务的人生观,以出世的思想,做入世的事业,就可以从少欲知足中,领悟净化烦恼的法门,从佛法中,体悟使烦恼净化之道。

六、庄严我们的世界

一花一世界,一叶一如来,每一个人都有每一个人的世界。法藏比丘发四十八大愿庄严他的世界,终成为极乐净土;佛陀的弟子富楼那到蛮荒输卢那国去布教,便是希望把该国庄严成善良的社会。我们为什么要入学读书?为的是扩大我们知识的世界;我们为什么要精勤工作?为的是建设我们事业的世界;我们为什么要服务人群,为的是美化我们道德的世界;我们为什么要研习佛学?为的是庄严我们大我的世界。

庄严我们人格的世界,不是凭着幻想,也不是仗着空谈,主要是实践自己的慈心悲愿,不论是外境的金池宝地、亭台楼阁,或是内心的清净光明、无分别智,都应该努力去庄严。经典告诉我们:修桥建寺、布施救贫,是庄严外境的世界;尊敬别人、奉行威仪,是庄严自身的世界；恶念不生、正念清净，是庄严心灵的世界。梁朝傅大士云："庄严绝能所，无我亦无人，断常俱不染，颖脱出嚣尘。"《维摩经》云："欲净其土，先净其心，随其心净，即佛土净。"只要奉行佛教清净法，身心世界自会庄严。

七、探索生命的能源

由于能源缺乏，许多的科学家及工程师，有的飞往太空，希望在太空发掘能源；有的潜入海里，希望从海底取得能源，然而，更需要探索的是我们内心的能源！我们人人都有一个生命，但是生命的来源究竟是什么？所谓"生从何来？死往何去？"我们却一无所知。佛教教主释迦牟尼佛，是一位真正的能源专家，他对于生命能源的探索，已作了最佳的示范。

过去的高僧大德努力地拜佛、念佛，事实上，佛，无须我们来拜，更无须我们来念，只不过是借着拜佛与念佛来探索我们生命的本源。

父母生下我们，使我们有假体、假相，父母又为我们取了假名，成长后历经生老病死的过程，可是却不知道还有个不生不死真正属于我们自己的生命本源。所以禅宗祖师的参话头，参"念佛是谁？"、参"什么是祖师西来大意？"、参"父母未生前的本来面目？"为的就是寻找生命的本源，寻找自家的面目。

有一位禅师走到佛殿里，对着佛像吐了一口痰，旁边的同参责备他："什么地方不好吐痰，偏偏要往佛身上吐？"

禅师说："请告诉我哪里没有佛？我还要再吐痰！"

佛性遍满虚空、充满法界，一个经过了探索而达到目的的人，对自己的本来面目,就能有新的认识。

丹霞禅师也曾将佛殿里的木雕佛像,取来烧火,纠察师骂他何以如此大不敬,禅师说他是为了要烧舍利,纠察师说:"你这人也太痴,这是木刻的佛像,怎能烧出舍利来呢?"

丹霞禅师便说:"既然烧不出舍利,那有何用?再多拿几个来烧吧!"

真正认识佛的人,才是真正探索到自己圣贤的本源和境界之人。

佛教把向外追求的人称为"外道",而佛教本身乃是向内探索的宗教,所以又称为"内学"。外道所追求的是心外之道、心外之法,这都只是一些枝末。以分别心追求而得的一般知识,在你知、我知的感受上,在在皆因人而异,而佛学是根本之学,能一通而百通,一了而百了。佛学并非以分别意识追求即能得解,还须经由内心的体证,才能真正地彻悟。覆盖在心中大圆镜智上的尘垢,经由佛法的拂拭后,就能显现光明,如实地映照出一切实相。

八、探索内心的宝藏

太阳的能源有限,海底的宝藏也有限,唯有内心的宝藏取之不尽、用之不竭。所谓"河沙妙德,总在心源",我们是为了探求自己圣贤的本源而来,也是为了探索自己的佛性宝藏而来。世间人营求忙碌,总是希求荣华富贵,其实世间财宝,虚而不实,"富贵如同三更梦,荣华好比九月霜",人为财死,比比皆是。如果我们能把追求世间财富的精神,用来开采内心的宝藏,所得到的才是真正的财富。青年要找到自己内心的宝藏,首先必须认识自我的真如本性。

九、追寻宇宙的真理

参加佛学夏令营,不是为了虚荣,以为来山学道,就不同凡响,也不是为了享乐,以为山中清风明月,自有快慰的感受。参加佛学夏令营,乃是为了追寻宇宙的真理而来。以前有一则广告标语是"我找到了!"这是一句令人深思的话,希望来参加佛学夏令营的青年,每个人回去后都能很肯定地说:"我找到了!"究竟找到了什么呢?即找到宇宙人生的真理。什么是宇宙人生的真理?

在佛教中,凡被称为真理,必须具备四种条件:普遍如是、本来如是、必然如是、永恒如是。举例来说:我会死,你也会死,人人都会死,古今中外的人,有生必定会死,所以生死无常符合普遍如是、本来如是、必然如是、永恒如是的条件,因生死无常就是世间的真理。

以佛教的"因果论"来说,什么因就招感什么果,也是同样的道理。因果遍于一切事理,因果便是真理。如为什么要吃饭?因为肚子饿,这是"因";为什么要睡觉?因为疲倦,这也是"因"。吃饭的结果如何?当然饱了,这就是"果";睡觉的结果,是恢复精神,这便是"果"。所以,连最平常的吃饭、睡觉都在因果中,由此可见因果的普遍性、本来性、必然性、永恒性。

佛教的真理是什么?即业感、因缘、空性。下面分别说明:

1. 业感:人之所以生生不息,轮回不休,乃是由于起惑、造业、受报的结果。而人之所以有荣华富贵与贫贱困顿之差,也都是由于受到自业牵制的结果,并非什么神明所能赐予,更非上帝所能主宰;真正能掌握、主宰命运的,完全是我们自己。业的价值,便是自己的行为决定一切。业的意义,是非常自由平等的,一切都是自作自受,谁也改变不了。

2. 因缘:佛陀悟道,悟了什么道呢?即觉悟宇宙人生的一切,都在因缘、缘起法则当中。宇宙中的一切万法,也都仗缘而生起;一切法不能独自存在,一切法有其一定相互存在的关系。

我们生存在这个世间,每一天的生活,都要感谢因缘。譬如每餐所吃的饭,来自于商人贩卖的米,而商人贩卖的米,又来自于农民的耕种,而农民所播下的禾苗种子,则须依赖阳光、空气、雨水、肥料等因缘的集合,才能成长。一粒小小的米中,就包含了许多人的血汗辛劳及多种的因缘条件,可知来处不易,因此我们应该感谢因缘。

我们要搭车,必须有司机驾驶;要看书,必须有作者写作,出版社出版。在这宇宙之间,事事物物皆是由因缘才能相互依存。所以,任何事物,几乎都值得我们相互感谢,再三感恩。但是"因缘观"不属于知识论辩的范围,因缘必须从修证中,才能真正体验,才能真正了悟。

3. 空性:一提到"空",有人就会想到"四大皆空",然而四大皆空还不是真正的空,仍然还是"有",为什么?因为还有"空"的观念,必须连"空"的观念都没有才可以。一般人对这样的空总是恐怖难信,好像什么都空了,什么也就没有了,其实空无的世界最富有,就像虚空一样,因为其空阔浩瀚,才能拥有山河大地,行星万象。

十、追寻大我的人生

世界上,无论男女老少、贫富贵贱,其生命的本体都是平等、永恒、无差别的,明白这层道理,就能体会菩萨何以能行无缘大慈及同体大悲的精神。如果我们能把自私小我的藩篱拆除,则男女老少都无所差别,你我他与所有的人都一样,生命的本体都是一而不二,就算死亡来临,也只死了肉体,死不了永恒的真我。

衣服破了,可换套新的衣服;身体坏了,也同样可换个新的色身。道理虽然相同,不过,当这个"我"搬家时,由于业力的不同,会有住体面的"高楼大厦"或微贱的"茅舍矮屋"之差别,但生命的价值是不二不异的。

明白了以上的道理之后,就能对人生的前途感到无限的光明,就会对未来的生命生起无穷的希望,这便是学佛带给我们的真正益处。如果能进一步追寻佛法的真理,则更能感受到青青翠竹、郁郁黄花,无非如来法身;潺潺流水,鸟啼莺叫,皆是如来说法,此即所谓"溪声尽是广长舌,山色无非清净身"。所以过去的禅师们,有的闻打铁声而开悟,有的见花落花开而见道,这也是十分自然的事了。

十一、扩大无限的心胸

虽然人类的色身很渺小,但是心胸、眼界,却能无限量地扩大。扩大,是做人处事很重要的原则。以学习来说,最初在家里向父母学习,然后到学校向老师学习,如今更进一步来佛学夏令营学习,这便是学习领域的扩大。唯有将心胸作无限的扩大,将眼界作无边的伸展,才容易达到人与人之间,人与事之间,或人与物之间的沟通及交流。

一个人心胸的宽窄,决定其一生事业的成败;放不下他人、排挤、嫉妒的人,只有孤立自己。原谅你的仇敌,佛说"冤亲平等",这是多么伟大的心胸！叛逆者提婆达多三番两次地设计谋害佛陀，而佛陀始终认为这是逆增上缘，把他看成善知识。没有黑暗，哪有光明？没有罪恶，哪有善美？被人包容只是显示自己的渺小，能包容别人才是伟大的人物。能包容别人并不傻，因为心量有多大，未来的成功就有多大。

一般人的心胸，多半太过狭小：少年时爱父母，结婚后爱伴侣，而后爱儿女……为什么爱得那么少呢？俗云："宰相肚里能撑船"，可见得能为一人之下，万人之上的宰相，其度量也要比普通人大得多。但是学佛者，则要能更进一步的容天、容地、容一切众生，乃至扩大到能够"心包太虚、量周沙界"。

十二、扩大无边的眼界

一般人的眼光都很短视，尤其是现代的青年们，不但患近视眼的人很多，更严重的是患了心境的近视者更多。常常是看见了自己，就不能看见别人；看见了前面，就不能看见后面；看见了现在，就不能看见未来。

那么，如何扩大我们的心胸，放宽我们的眼界呢？在此举几个例子作为参考：

释迦牟尼佛曾至忉利天为母亲摩耶夫人说法，回到僧团时，弟子们争先恐后地去迎接，其中有一位神通第一的莲华色比丘尼，第一个到达佛陀面前，恭敬地说："佛陀，弟子莲华色第一个来迎接您了！"

佛陀却说："正在打坐思维空性的须菩提，才是第一个来迎接我的人。"

佛陀接着又说:"能见到真理的人,才是真正的见到佛陀。你只是见到佛陀的色身,而须菩提此刻见到的是佛陀的法身;见到法身,就如同见到佛,所以须菩提是第一个迎接我的人。"我也常告诉佛光山的弟子,能认识我星云并没有什么了不起,最重要的是,能真正体会我创建佛光山的风格、宗旨、目标,那才是真正地认识我。

佛陀的十大弟子中,有位神通第一的目犍连尊者,有一次听佛陀说法,说到"如来说法,出广长舌相,遍满三千大千世界"时,心中有所疑问,于是以神通力,飞行至东方世自在王如来的佛国,想试试是否可以听到佛陀说法的音声。那时,世自在王如来正在说法,目犍连刚走进去,就被一位弟子伸手将他拈了起来,说:"哪来这么一条黑头虫?"世自在王如来赶紧喝止了那位弟子,说:"那是娑婆世界释迦牟尼佛的大弟子目犍连,为了想证实如来说法的音声是否遍满大千世界而来的。"接着便训斥目犍连:"目犍连,怎能以你的心力来测知诸佛如来广大的境界呢?"其实,就以我们所知的电台广播,其音波就能到处宣流,更何况是如来说法呢?

有位读台大历史系的学生,他非常爱好爬山,他说:"每次登上高山,在那巍巍的高山顶上,放眼一看,海阔天空,顿时就会感到自己的渺小,因而也就学得更加谦虚,更加放宽自己的心量。可是一下山,回到家里,即刻就感到苦恼。我的父母亲都是台湾大学的教授,却常和邻居吵架,吵的也只不过是:'你家的树叶怎么落在我家的院子里?你家的脏水怎么流经我们的水沟?'……"

像这样,当了教授,应该是很有学问、涵养,但有时候,世俗的分别知识,反而为我们带来更自私、更狭隘的人生,使得我们越来越会计较,也越来越钻向牛角尖里去了。唯有佛法,能使人生的境界扩大。佛法如大海,佛法如高山,所以无论是上了佛法的高山,或是下了佛法的深海,都能拓宽我们的眼界、扩大我们的胸襟。孔老夫子曾说:"登泰山而小天下。"登上了佛法的高山,就会发觉,世间事有何值得费心斤斤计较的呢?

十三、信仰三宝的崇高

孙中山先生说:"信仰就是力量。"所以人生必定要有信仰。有了信仰,就等于在坎坷的人生旅程中,有了拐杖,可帮助我们跋涉崇山峻岭;信仰又好像是生命的慈航,可帮助我们由凄苦的此岸,航向安乐的彼岸。

在信仰中,邪信是最不好的,等于以一盲引众盲,不但无法到达目的地,还会因而迷失方向。不信比邪信好,迷信比不信好,正信比迷信好。有些老公公、老婆婆,手里拿了一炷香,朝神像前一跪,嘴里就是喃喃不停,虽然有人说他们迷信,但是他们的精神却因此而有了依止处,而对生命展现出希望。当然,最好的还是正信。

如何拥有正信?即我们要信仰三宝的崇高及信仰自我的价值。我们常慨叹佛世距今已远,所谓"去圣时遥",但是别忘了还有三宝的力量,时时在加被我们。三宝是佛、法、僧:

佛,如光。光有温暖、照耀、庇护的作用。佛也和光一样,佛陀的慈悲之光,温暖我们;佛陀的智慧之光,照耀我们;佛陀的福德之光,庇护我们。

法,如水。水有灌溉、洗涤、成长的作用。法也和水一样,法水能灌溉润泽禾苗;法水能洗涤祛除一切污秽;法水能成长滋润花木万物。

僧，如风。风有吹拂、流通、清凉的作用。僧也和风一样，僧宝的德风，可以吹拂众生；僧宝的德风，可以流通社会，僧宝的德风，可以清凉众生。

佛、法、僧，三宝的重要，好比阳光、雨水、空气（风），看来都很平常，实则缺一不可。"日光空气水，人生三件宝"；"佛法僧三者，出世之三宝"，无此则精神慧命难以成长，无此则心灵世界无以升华。

十四、信仰自我的价值

信仰伟大崇高的三宝虽然重要，但还不及信仰自己重要。如果问："佛是谁？""三宝是谁？"其实我们每一个人都是佛，都是三宝。此即"自性三宝"。释迦牟尼佛成道时曾说："奇哉！奇哉！大地众生皆有如来智慧德相！"所指的也就是自性三宝。

希望青年学子能从佛学夏令营中，开拓自己的智慧领域，寻求自己心灵的主人，寻找安顿生命的世界，升华自己的人格，净化自己的烦恼，庄严自己的世界，并从中探索生命的能源，探索内心的宝藏，追寻宇宙的真理，追寻大我的人生，扩大无限的心胸，扩大无边的眼界，信仰三宝的崇高，信仰自我的价值。

1969 年 7 月讲于佛光山大专佛学夏令营

工作与身心的和谐

人要怎样修行？也就是："困难的时候，到困难的地方去；
需要你的时候，到需要你的地方去！"这就是积极人生的态度，
也是工作上的成就，更是一种勇猛的修行方式。

现代的社会，很多人都有工作上的压力。我们要去除压力，因为我们不是为了受苦而生活，更不是为了盲目地忙碌而来工作。我们要生活在轻松、自在、欢喜、安乐当中，这才是人生的意义。

明白地说，人们大大误解了"苦"与"压力"，以为都是外来的原因所造成。其实人生要"不苦"，重要的是将承受压力当作是一种学习与历练，渐渐地，每一种苦遇到了你，都能迎刃而解，自然就能乐在其中。例如火车要有动力才能快跑，飞机要有动力才能起飞，人也要有相当的动力，生命的品质才能提升，心灵的境界才能打开。

但是，想要打开内心的窒碍，过自在的生活，还要有一些前提。很多人都不明白，什么样的观念行为，会招感苦的后果？又有什么样的观念行为，能招感乐的善果？如果观念与行为是一颗种子，那么，最重要的一点是：首先要有优良的种子，也就是要建立正向的

价值观,心中先为自己点亮一盏生命的明灯,这样,人人都愿意播下善美、优良的种子,接着能以欢喜心来耕耘。因为每一件事都是从欢喜心出发,由此自然解除了心灵的重担,将小我的人生,扩散到同体共生的认知里面去。

今天的主题是"工作与身心的和谐",我想就以我本身对工作的态度、对"身心和谐"的看法,以及平常是怎么处理的一些心得,提供给大家作参考。

谈到工作,最重要的,就是要做得恰到好处。我提倡"人生300岁",当然我活不到300岁。我是这样想的,我今年77岁,假如再活3年,就是80岁了。80岁的人生,如果从我20岁开始真正的工作,到了80岁就整整做了60年。

在这60年的工作期间,我没有休假日,没有星期天,也没有过年或节庆。所以当别人正在欢庆、度假,而我比平时还要更忙。出家人的道业,生活起早待晚,我也练就了在工作里休闲、在工作里找乐趣的功夫。我不以工作为苦,所以几十年走下来,我自许一天能做5个人的工作。5个人的工作,乘上60年的时光,我所说的"人生300岁",就是这样来的。

我记得少年的时候,曾经阅读《三国演义》,看到诸葛亮在《出师表》里说道:"受任于败军之际,奉命于危难之间。"这句话令我深受感动,因此也在我年少的心灵里,刻下了深深的印记。我觉得诸葛亮深懂"苦"的意义。当你在败军之际,"我来了!"我就很容易受到重用;你正在危难的时候,"我来了!"更能得到你的欢喜,让你感觉到我的重要。

静下心来观看,我们周边有不少的人,工作遇到了一些困难,就觉得未来的前途了无希望。其实你要知道,危难、不好的时候,我们参与进去,更加容易表现我们的能力、实现我们的理想。甚至不得已要转业,也许这转业的时机,正是人生更上一层楼的必要阶段。因此,我们应该认识工作的艺术,就像禅门里有句话说:"冷,到冷的地方去;热,到热的地方去。"人要怎么样修行?也就是:"困难的时候,到困难的地方去;需要你的时候,到需要你的地方去!"这就是积极人生的态度,也是工作上的成就,更是一种勇猛的修行方式。

我出生在江苏省江都县一个贫苦的小乡村。出生以后,没有家世、没有背景。我没有进过小学,甚至也没有进过幼儿园。我这一生,回头看看自己走过的路,只有感谢"因缘",感谢好因好缘,甚至"逆增上缘",感谢世间成就了我,所以我时时都想着要怎么样做到"滴水之恩,当涌泉相报"。佛光山设立了许多"佛光缘滴水坊",原因也就在这里。

我并没有很好的条件,但是我想,既然我这一生都是众人的因缘所成就,我愿意回馈一些因缘给人间。假如要我讲话、要我服务、要我奉献、要我做事,只要我能够做到的,我都很乐意不辞劳苦地去完成。也因为"乐意",往往在别人眼中十分艰苦的事情,在我心中却是快乐的泉源。

下面,我把自己的一生,以每一个十年当作一个阶段,分成八个时期向大家介绍。

第一阶段:从出生到10岁,成长的时期

第一个十年,这是童年成长的时期。虽然这时候什么也不懂,

家里也没有钱供给我读书，但我生来就有一个好的性格。什么性格？勤快的性格。虽然我是个小孩子，但我喜欢工作，诸如帮助家人拿碗筷、扫地、擦桌椅等，从小我就欢喜自动帮助做家务事，自然也会获得长辈大人的欢心。

我记得，每当家人外出工作，家里没有人，我就在家里打扫。有好几次，我把厨房炉灶里的灰，小心地扒干净，这在平时通常是没有人会特别注意到的角落。因为年龄还小，不会做事，弄得满灶台、满地面都是灰尘，但是我一点也不灰心，就慢慢地再把煤灰清理干净，好让大人回来一看："哦！好干净噢！怎么家里好像开光了一样，忽然变得这么干净、整齐！"虽然那时候只有七八岁，而我一再乐此不疲地这样做，为的就是希望减轻父母的负担，看到父母的欢喜。这也是我小时候快乐的来源之一。

正因为小时候有这样的经历，所以养成我一生勤劳的习惯。我想到自己能带给人欢喜，心里就很高兴。因此佛光山开山以后，我订定了四个工作信条："给人欢喜、给人信心、给人希望、给人方便"。我觉得有能力"给"人，这是一种幸福的种子，播下种子，才能收成更多的美果。你不播种，哪里能开花结果？你不播种，又怎么会有收成呢？

所以，"懂得付出，就是一种快乐"。尤其是新世代的青少年，因为父母给的物质很多，却没有教育孩子如何付出，造成孩子们只知道希望"获得"，却不懂得付出的美好，这就叫作"倒果为因"。换句话说，现代人得到了前所未有的丰富物质，可是却很难找到真正的快乐，难怪现代人罹患忧郁症的人很多。这最根本的原因，就是因为大家缺少正向的价值观作指导所致。我回忆自己的一生，从小就有勤于播种快乐的良好习惯,所以很容易满足于现实,也容易在很小的事情上,得到很大的快乐。正是因为养成这种勤劳、感恩的性格,对我后面的人生,帮助很大。

另外,童年的时候,我很爱护小动物。记得有一次,有一只小鸡被雨水淋湿了羽毛。很可怜,怎么办呢?天气又冷。当时我还是小孩子,不懂,就把它摆到炉灶旁边烤火,希望帮它赶快把羽毛烤干。哪里晓得,它看我动手动脚,一紧张,小鸡就跑到火里面去了。我赶紧伸手把它从火里抢救出来,我的手当然也被烫伤了,而它的羽毛也统统都被烧掉了,连带着嘴巴、下喙都烧坏了,只剩下上面的一半,从此它就再也无法啄米了。但是,我很细心地照顾它,虽然它残缺了,后来我还是把它养到可以生鸡蛋。因为这样,很自然地去爱护一只小鸡,也使我认识到"生命"的可贵价值。

我很庆幸从小就养成对人、对小动物的爱心,从爱心再升华就是慈悲心,有所谓"慈悲所到之处,没有敌人"。在中国民间,一向有"家家户户观世音"之说。为什么大家要把家里最好、最高的正厅,用来供奉观世音菩萨?因为她的大慈大悲。所以每当你担任一个工作,也是要对工作、对相关的人事有慈悲心的。如果你没有慈悲,当你遇到不欢喜、不耐烦的事情,就觉得工作不美好,甚至觉得工作对不起你。因此我就想到,大家这么多人在一起工作,要彼此尊重包容,才能合作愉快。基本上,就是要从慈悲心出发,大家真心相待,在一起就能相处自在。

很多人问我,佛光山那么多人,大家来自各方,贤愚不等、男女分别,还有年龄、地域以及其他各种的不同,为什么他们能够相安无事?我想,这是因为大家都有一颗慈悲心,也就是一个好的心意。人人都想到"我要待别人好",如果别人待我不好,必定是我自己有问题,不要去怪别人。怪别人,他也不会听我的话,他也不会有所改进。只知要求别人,难免烦恼丛生。毕竟我们都是为了追求真理才来到佛光山,修行的第一要件就是修正自己的心念,遇到障碍,最有效益的方法就是反观自己,想想我是哪里不对?这样,自我的进步就比较快速。我想,每个人在最初人生观的建立,就应该把人我的关系作一个很好的协调与管理,例如感恩、慈悲、投入、帮助,凡事从光明面去思考等等。你的心地好,时时都祝福每一个人,等于一个好工厂,出产的就是"欢喜"的好产品。你心地不好,就会产生像"我恨你"这种污水,既是污水,想要净化还要费一番功夫,所出产的产品的品质也就不好。所以,有时候我们要先把自己心里的工厂管理好,别人做到什么程度,不是我能要求得了的。再说,有时候我们连要求自己都不容易,又怎么能轻易地去要求别人呢?

第二阶段:10 岁到 20 岁,学习的时期

我 12 岁出家。我是扬州人,照理说应该在扬州出家。尤其扬州的大寺庙很富有,我的外祖母也皈依过那里许多的大和尚。但是我想修道需要有苦行才好,我是一个贫苦家庭的孩子,我不要一出家就做公子、少爷,这等于是不劳而获地进入天堂一样,就算进去了,也不懂得"天堂"好在哪里。那时候正遭遇到南京大屠杀,之后,我陪同母亲出外寻找父亲,因为这样的因缘,我到了栖霞寺出家。

去的第一天,水都滚了,还没有米下锅,生活可以说十分拮据,

每天都要劳动,出坡劳务。但是我心里想,在这里出家很好,我可以接受苦的磨炼。中国人有一句话说:"吃得苦中苦,方为人上人。"我如果不吃苦,光是享受,就像银行里的存款用完了,我就会更加贫穷。银行里的存款,就等于福德因缘,我可以慢慢使用。我还要努力地去累积福德因缘,我可以吃苦,就像刚才讲的:"寒,到寒的地方去;热,到热的地方去",苦,更要到苦的地方去。出家以后终于明白,原来所谓的"苦难",才真正来临。为什么?工作上的苦还容易承受,遇到精神上、意志上、尊严上的挫折之苦,才是辛苦!我记得15岁那年要去受戒,我的年龄只有15岁,算是很小。一般受戒要到20岁以上才合格。我是不合格的,因为我的师父希望加速我的成就,让我快一点成长,也就让我去受戒了。

受戒,第一关就是要经过口试。第一个老师问:"你来这里受戒,是你自己要来?还是你师父叫你来?"这个问题当然很好回答:"是我自己发心要来的!"心想这样回答应该没有错。哪里知道,老师拿起藤条就是一顿打,打了几十下以后,金星乱冒,"奇怪啊?干嘛打我?"心里这么想着。

打过以后,他慢慢地说:"你真大胆,没有奉师父的命令,自己就敢来受戒?太不尊重师父了!"对啊!是我说错了,确实该打。

轮到第二个老师,一样地问:"你来这里受戒,是你自己要来?还是师父叫你来的?"打了一次,比较聪明一点,就说:"老师慈悲,是师父叫我来的!"他又打。回答得很对,为什么又再打呢?打过以后,他说:"假如师父不叫你来,你自己就不来了吗?"也对,都怪自己说话不够圆融,是该打。

再换一个老师,还是这句话:"你来这里受戒,是你自己要来?

还是师父叫你来?"打了两次,又更聪明一点了:"老师慈悲,师父叫我来,我自己也要来。"这个回答应该是没有错啊!他又再打。为什么?"你模棱两可,真滑头。"

打了三次,换了一个老师,问话不同了:"你有杀生过没有?"我是去受戒啊!杀生罪业很重,当然回答:"我没有杀生。""你没有杀生?你蚊子都没有打死一个?蚂蚁没有踏死一只?你在说谎嘛!"又再打!打!打!"对啊!我是在说谎啊!"我恍然大悟地承认自己想法不对。

又换了一个老师,还是同样一个问题:"你杀生过没有?"刚才心里才承认的,只有从实招来:"弟子有杀生过。""哎哟!罪过哦!罪过哦!"又再打。打了这么多次以后,心里终于明白了。于是再换一个老师,不管他问什么,"老师,你要打,你就打吧!"横竖我也不必回答了,都是要打嘛!

以上这些例子,看起来不合情理。但是,长大以后,我终于明白了,在佛门当中,这个叫作"以无理对有理"。在"无理"的前面,你都能服气、服从,将来在"有理"的时候,你还会不服从、不服气吗?所以,一个人先要能在无理之前接受委屈,要能服气。不过,受苦、受难、受穷都容易,要能"受气",很难!有人为了300元交通违章罚款,他拿几十万元去打官司,为的就是"争一口气",实在可惜,也没什么意思。这就像当你走在石子路上,其中一颗小石子被你踢到了,这时候没有必要费工夫与小石子对抗,前面的目标、旅程还很长远,人生很短暂,时间很可贵,"走过去"比较重要。

遇到一般的委屈,要能忍!我们中国人讲"积阴德",其实,接受委屈也是积阴德的一种。你看,从古至今,例如韩信,曾受胯下之辱,他能承受这种非常的委屈,未来反而有力量完成非凡的任务。一个人委屈受得多了,自然也能够增福增慧。

台北汐止弥勒内院供奉一位肉身菩萨——慈航法师,在四五十年前承蒙老人家对我的爱护,把我当忘年之交。他的肚子很大,像个弥勒佛一样,有一次我去看他,他问我:"你看,我的肚子这么大,你知道是什么原因吗?"我说:"老师,我不知道。"

他就告诉我:"原本我是很瘦小的体格,有一年,我在一个寺院担任戒师。戒期二个月忙完以后,他们分给我80块银圆。戒期过了,我们必须搬家,刚好来了一位同参,他就主动帮我的忙。搬家以后,我的80块银圆只剩下15块。不用讲,其余的钱是被他拿走的,因为再也没有别人知道我有这些钱了。讲或不讲呢?后来想到一个人的名誉很重要啊!我这一讲,我的钱还会再回来,但他的名誉可就毁了。所以我没讲,甚至又拿了10块钱给他。

他拿了这些钱以后,到处买东西。人家问他:'耶?你怎么这么多钱啊?你的钱从哪里来的?''慈航法师给我的。'听到人家这么说,我心里想:'这哪里是我给他的?'但还是不说。

这个人很坏,对我很不友好,比方说,我们在丛林里上厕所,厕所像一条鞭,等于军队排队一样,长长一条的排过去。有一天我忘了带卫生纸,就向隔壁的人借,结果他把用过的纸借给我,好坏啊!不过,他坏,我不跟他计较,我就这样忍耐下来。结果,从那时候起,我的肚子就大起来了。"以上就是慈航菩萨亲口告诉我的,他修行过程中一段忍耐、承受委屈的故事。

我深深体会到,在我们工作上也好,身心安住也好,乃至我们居家生活当中,"忍耐",是很有力量的方法。忍,对大家帮助很大,忍,确实很重要。可能在你们各位心里想,忍,就是忍气、忍不平等、忍困难、忍受别人的欺负;忍,是不公平的,都是我吃亏!

其实不然,我一生的体会,忍是便宜,忍是智慧,忍是保障,忍是和平。忍,在佛教里有三个层次,第一个层次叫"生忍"。我要生活,我要生命,我要生存,就要"忍受"生活中的一切不如意。忍是什么意思?忍是认识,认识好坏,认识真相。忍是接受,这个世界无论什么东西,好的、坏的,来到我这里,我都要能接受。比方,你能承受挑 20 斤,我能承受挑 100 斤。你能忍耐 3 小时不休息的工作,我能忍耐 8 小时不间断地忙碌。甚至你赞美我,你诽谤我,我都能够承受。我不认为你给我一点批评就不能忍,我也不因为你给我一点赞美,就沾沾自喜。所以,我能承受,我能担当,我能负责,我能处理。无论什么好的事、不好的事,我都能处理,都能大事化小、小事化无,这样就增加了我们生活上的"能力"。我们要有能力化解大大小小的障碍,尽管天下纷扰,在我看来,什么严重的事也没有!我想,要维持生命和生活,学习"生忍",这是很重要的一课。

"生忍"还不够,还要学会"法忍"。这里所说的"法"是什么?见到一朵花,我爱它,就把它摘下来,这就太没有修养了。见到一杯茶,赶快抢来喝,也太不顾人家了。这里太冷了,这里太热了,这个饭店的床铺太小了,给我的待遇太少了……一切"法",也就是与你基本认知的观念不相符合,你都不能接受。但是,为了你的生活、你的职业、你要生存,虽然接触到你观念之外的事相,你也就必须接受!接受了,才有力量。

人家说:"小不忍则乱大谋",我认为"法忍",就是对境界要能忍。一般说"讲时似悟,对境生迷",讲的时候,"哦!我懂了"。可是,自己遇到境界来了,就受不了。我们平常所谓"修养",就是在遇到境界的时候,也就是所谓的"压力"来临的时候,要能承受,要能化解,这就是生活上的修行。

忍的最高层次是"无生法忍",也就是《般若心经》所讲的"不生不灭,不垢不净,不增不减……"《心经》一开始说的"观自在菩萨",也可以看作观自己"自不自在"?乃至于"照见五蕴皆空,度一切苦厄……"这是更高的境界了。

我在第二个十年的学习期之中,就是无论遇到什么苦难,我都视为"当然的"。我是学生,老师不打我、不骂我、不教我,才是奇怪。他打我、骂我,给我委屈、给我难堪,这是当然的。因为我在学习啊!所以我这一生都没有感到不平。

其实,世间本来就是不公平的,例如现在世界上最高的诺贝尔奖,哪一个人得到诺贝尔奖,也是不公平。为什么?不见得每一个得到诺贝尔奖的人都是实至名归,还有人比他更好,比他更有资格,但是因为得奖的人因缘好、际遇好,诺贝尔奖就是他的,而不是你的!

因此,不要为世间上很多的不平而计较,"愿将佛手双垂下,摸得人心一样平",尽管世间上很多的不平,在我的心里都很和平。我以"因缘法"之中的公平、和平、平等的心去对待世间,就不觉得有委屈,或是有什么困苦。所以,国际佛光会有一首佛光人共同遵循的四句偈,内容是这样的:"慈悲喜舍遍法界,惜福结缘利人天,禅净戒行平等忍,惭愧感恩大愿心。"其中的"禅净戒行平等忍",意思是无论修禅还是修净,最重要的目的就是要能修得内心平和、平静、平等、平安,这样从内心所散发出来的平等很重要。

谈到生活的修养,你们说是"工作与身心的和谐",但是很多时候自己的身心都不能和谐!我要不病,能吗?我要不烦恼,能吗?我心里想要立即发财,能吗?我要爱情顺利、我要家庭幸福……,光是一个"要"字,而不顺着其中的"理路"来渐次完成,一切都不能啊!当外境不能让我们顺心如意的时候,身心就不和谐了!

佛门中有一位金代禅师,他很喜欢养兰花,所以在寺院里种了各式品种的兰花。有一天他要出远门,交代弟子说:"替我在家好好爱护、照顾我的兰花啊!"徒弟当然听命地细心照顾!可是因为太紧张了,在浇水的时候,一不小心,把架子碰倒了,所有高贵的兰花盆,全都摔得支离破碎。徒弟心里想:"这下不得了,师父一回来,不知道要怎么生气,不知道要如何处罚我呢?"

过了两天,金代禅师回来了,弟子怀着忐忑的心,向师父赔罪:"师父,请您不要生气,弟子把兰花盆打坏了。"金代禅师了不起,他有一颗艺术的心,他说:"我种兰花,是因为兰花芬芳,兰花的气质高雅,所以才种兰花来欣赏、来供佛,我不是为生气而种兰花的啊!"

这句话实在很妙!不是为生气而种兰花。所以各位在工作岗位上遇到什么难堪、难受的事情,要想:"我不是为了生气而来工作的啊!"你可以转念想到:"我是为了欢喜而来工作的。"这个境界更高。总之,人生是永远学习不完的,在遇到不平之事这方面,要学习"想当然尔",一个"当然",你就会心平气和了。

第三阶段：20 岁到 30 岁，参学的时期

我从小在大陆云游过很多的名山丛林，我在佛教的律下、教下、宗下接受了完整的佛门教育，也曾担任过乡村国民小学的校长。记得在中国的解放战争时期，我在学校里教书，几乎每天都是提心吊胆，把恐怖捧在手上过日子。白天，国民党的军队来了，他说"你是匪谍！"晚上共产党的队伍来了，他也说"你是国民党的特务！"我曾经被共产党的人抓去关了 10 天，出来以后又受了国民党 23 天的牢狱之灾。很幸运的，终于还是有人把我救了出来。

23 岁那年，随着僧侣救护队来到台湾，没有教界给我们支持，也没有政府来重视我们，我们像乌合之众一样，后来就各自分散了。当时我们的境况真是艰难，无论走到哪一个寺院，哪一个寺院也都拒绝收留我们。不要说"没有办法生存"，就是想吃一碗饭，都很困难。感谢台湾佛学院的院长慈航法师喊出"抢救僧宝"的口号，终于还是把许多年轻有为的出家人，抢救了回来。

后来遇到妙果老和尚，当时他已七八十岁了，他亲自带我周游台湾很多的寺院，让我认识台湾的环境。为了报答他的知遇之恩，我在他的寺庙里帮忙拉车、担水、扫地、清洗厕所，甚至看守山林等。在这期间，发觉到人生勤劳、为大众服务，可以获得别人的认可和欣赏。

第四阶段：30 岁到 40 岁，文学的时期

我是江苏人，我没有什么长处，也没有语言的天才。你看，我到今天还是一口扬州话，学日语、英语，学是学了，学得不像啊！我也不擅长佛教的梵呗唱诵。我们这次佛光山梵呗赞颂团，11月24日晚上在上海大剧院表演。我说，五十几年前，我把大陆的梵呗带到台湾，现在我又把它带回来。意思是希望我们大家要重视交流，大家都是兄弟姐妹。

我不是擅于唱念的人，我的五音不全，既不会讲，又不会唱，那怎么办呢？写文章。写文章，我也没有学过。不过，在这里面有个广大的空间，我自己可以想什么、说什么，就写什么。当年胡适博士倡导去除八股文，倡导白话文的革命，我是受到很大的影响。承蒙许多人赞美《迷悟之间》写得简要明白，还可以领导开创时代的价值观。其实我是心里想什么，下笔就写，也不要把它形容得怎么美好，或是讲究对仗，只要把道理诉诸文学，所谓"表情达意"，表情表得好，达意达得好，就是好文章。《迷悟之间》我是写我自己，写我的心，我的心中所想的，我就把它写出来。我一天可以写20篇，因为不困难，想到就写，目前已经写了1100多篇了。

在这看守山林、默默无闻的青年时期，我投注了许多的热情在文学上面。我把这段时期叫作"文学的人生"。我在各家报纸的副刊、各种期刊杂志上写文章，我都是写一些佛教的散文或小说。例如《玉琳国师》，承蒙社会各界把它改编成广播剧、连续剧、舞台剧，甚至拍成电影。后来我就对我的学生讲，这也是一种生命的扩大，这也是另一种的人生。因为透过文章、小说，可以很容易让大众懂得佛法，只是当时佛教界的朋友常常笑我，说："星云啊！你学佛不好，又去搞什么文学？没出息！"

无论他们怎么说，并不能使我受到打击，因为在内心之中，我有一个信念，我觉得佛法就是要讲得让人听得懂。如果我讲得很高、很深,给人听不懂,就是受到大家的赞叹与尊敬,但是没有用啊!假如今天我要讲得给你们听不懂,这是很容易的事。但是要讲给你们听得懂,这是很困难的啊!我很用心的,就是要把佛法讲得给人听得懂,这是我一生非常努力的目标。

第五阶段:40 岁到 50 岁,历史的时期

"文学的人生",经历了一段时间,也结交了许多文学界的硕学。后来我的老师告诉我一句话:"文学,雕虫小技啊!出了家,不行的啊!要把人生重新规划一下。"既然老师这样说,我便从善如流,所以 40 岁之后,我就把它订为"历史的人生"。

历史的人生,就是人在一生中要有历史,所谓"立功、立德、立言"三不朽。在佛教里就是要能做一番事业,要为佛教贡献心力。所以后来我致力于弘法,广度青年学佛,为社会大众服务。

为了写下历史的人生,这时候,我想到应该创立道场了。过去我不想建寺庙,因为我年轻时就立愿要从事社教工作,我不要建寺当住持。后来因为有不少青年要跟随我出家,我不能没有地方让他们安住,也不能没有地方让他们受教育,所以后来我感觉自己应该要负起责任,要当仁不让。因此,我首先创办佛教学院,接着又成立了佛光山教团,制订章程办法,让佛光山成为一个有制度、有内涵的佛教道场,让人间佛教走向社会、走向家庭、走向生活。

第六阶段:50 岁到 60 岁,哲学的时期

建设了佛光山之后,来了好多大专青年参加佛学夏令营,又有好多青年出家修行,乃至社会上各阶层的人士都上山来学佛,所谓

"追求真理登净域,为学佛法入宝山",人们真正了解了生命并不只是追求生活上的满足而已,大家都明白了精神上的提升更重要。

慢慢觉得还是不够,应该要有"哲学的人生"。因此后来我应各界邀请,就专讲人生、宇宙的问题,或者讲佛教的真理。什么是真理?这是要探讨、深研的。人家说,真理要从"开悟"来印证。我有没有开悟?我不敢说。不过,我真的知道我安心了,对于身心的调和,我非常安住。

我一生曾遭遇无数的困难与挫折,我也曾跟人当面争执、辩论过,但都是为了佛教、为了大众。事实上我也承受了很多的欺负、难堪、委屈,包括不实的诽谤。可是,对我没有影响。我眼看他人的起落,想想,人生也不过如此而已。我觉得能活到今天,生命很有意义。所以,一个人的跌倒、失败,在所难免。但是如果站不起来,归根结底,是自己打倒自己。只要自己健全,所谓"失败乃成功之母",挫折反而能激励人更上一层楼。只要心存善念,一心利人,因果不会辜负人的。

过去在年轻的时候,因为看不懂专书,就专看一些小说,像中国的《封神榜》《水浒传》《三国演义》《岳飞传》《七侠五义》……无所不看,这些历史名著,让我增加很多文学的概念。到了后来,东、西方哲学也都涉猎一些,有了眼界开拓之后的比较,尤其感觉到佛学打开了我的思想领域,让我在法海里,感到很悠游、很快乐。

我到50岁的时候,才慢慢觉得,这正是"哲学的人生"。

第七阶段:60岁到70岁,伦理的时期

到了60岁,忽然慢慢感觉到,这世间不是我一个人的,虽然我收徒纳众,我觉得应该要有一个"伦理的人生"。什么伦理?家庭

的伦理、工作的伦理,此外,还要有社会的伦理。伦理就是人间的次序,人与人,有性别的不同、有思想的不同、有目标的不同、有利益的不同,在这么多的"不同"里面,应该建立一个"同",这个"同",就叫作"次序"。

比方说,敬老尊贤、孝顺父母、和睦朋友,这些事情如果不去实践,也都只是空洞的理论而已。我提倡人间佛教,应该要有人间的性格,一切从"人"做起,更近一点地说,应该从"我自己"做起,"我"应该慢慢把这些道理付诸实践。所以我在佛光山的教团里,像军阶一样,设立清净士、学士、修士、开士等"序级制度"。这些制度可以让团体在许多的"同"之中,串连成一个有力量的"圆"。

我在佛光山这么多年,觉得徒众的父母很了不起,他们好不容易把儿女养育到大学毕业,眼看着可以赚钱、养家活口,却忽然来跟我出家了,对他们来说,这不公平啊!建立伦理次序,为的就是要平等。所以我在佛光山成立一个"亲属会"。每一个徒众的父母跟我是平等的,我叫他们"亲家"。现在我们在佛光山,很多徒众的父母,年老了,他不要依靠在家的儿女,他的心、他的人,都可以回来佛光山安养。

因此,现在我跟在家徒众、出家徒众的父母,在伦理之下,都是一家人。我觉得一个寺庙,应该慢慢走向社会、走向家庭。所以,我也设立养老院、育幼院,为的是解决现代社会所衍生的伦理问题。

第八阶段:70岁以后,佛学的时期

经过了前面七个时期,到了70岁以后,才慢慢体会"佛心"。佛学,过去懂的好像都是一些皮毛,都是经典上的文字。我从70

岁以后，确实自己也敢在你们面前说：我对"佛"是有所体会的。

过去每年农历的十一月，在寺院里主持"佛七"，几十年一句"阿弥陀佛"，念了一生。"阿弥陀佛"这四个字，意义是"无量寿、无量光"。无量寿，就是超乎时间，是生命的永恒。无量光，就是超乎空间。什么东西能超越时间与空间？那就是真理的光明。你念佛要能把一句"阿弥陀佛"念出体会、念出光明来，那才是真正的念佛！

其实，一句"阿弥陀佛"，四个字不容易念！要念得熟，念到像背书背得很熟一样，今天可以念，明天也可以念。有的人念《心经》《大悲咒》，念了几十年以后，念熟了，你不必刻意，自然就从心中涌出，因为你"熟"了。念佛也是一样，要念"熟"了，一句"阿弥陀佛"，好像跑步，马上流汗发热。你坐在那里不动，一句"阿弥陀佛"，那是全部身、口、意的精神力量，从心里像开矿一样地开采出来，要觉得它是我的生命，它的价值无限，等于把我的本性挖掘出来一样。念佛是很辛苦的，但只要你每天照着这个方法，把它念下去，念熟了，必然感受不同。

很多人修行，没有建立正确的观念。有的人，听到批评自己的一句坏话，他可以记上好几年。旁边的人即使再讲一百句好话，都没有用，他就是听不进你的好话，心想还是执着"他怎么可以这样讲？"别人说："不是这样的，是误会啦！"他还是不听。你说，我们有没有这种毛病？"好话听不进，坏话忘不了"，那又怎么能快乐呢？

我觉得现代的人，很可怜！透过电视、网络、媒体，不一定想要的见闻觉知，无孔不入地侵袭进来，大部分人都缺乏防护、过滤、筛检、提炼的能力，对于无形中接收到的信息，不但不能自我解套，反而被无中生有的无明、烦恼束缚,好像牢房里的囚犯一样,自己就在框框的牢房里,自我关闭一生。人要解脱束缚,一定要靠自己。

过去有一个总经理,老是发脾气,自己也知道脾气不好。后来为了改脾气,就制作了一块木牌,挂在身上,上面写着"戒瞋怒"。

有一天,无意中听到部属私下在谈论他:"我们总经理什么都好,可惜就是脾气不好!"他一听,忍耐不住,随手拿起身上的牌子,就往那个干部头上砸去,边砸边说:"你胡说!我脾气已经在改了,怎么还要说我的脾气不好?"虽然口说要改,但是修行的功力不够,境界一来,又被迷惑了。

所以,一个人能够知道自己的短处,这是很了不起。能知道惭愧,就是很大的进步。更重要的,要让自己的身心能和谐。我们的身心为什么不能和谐?有时候,因为一个人,我不喜欢;因为一件事,我挂冠求去;因为一句话,我恼羞成怒。"心",受到了外境所动摇,就不能像观世音菩萨一样的"观自在"。"观自在",这个名称很好,大家每天可以观看"自己在不在"?有人问我拿念珠做什么?"念观世音菩萨。"人人拿念珠念观世音菩萨,那么,观世音菩萨手里也拿念珠,她念什么啊?"念观世音菩萨啊!"为什么自己要念自己呢?"求人不如求己啊!"所以,我们如何对工作能够欢喜、投入,对我们自己的情绪能够和谐、自在,我想,如何能够先"找到自己",这是很重要的前提。

在佛光山,我们很重视"给人信心"的实践,大家工作不是为了薪水待遇而工作,我们是为了尊重、服务,为了给人信心而工作。就像军队想要打胜仗,首先要有信心。作为人民公仆的官员,对国家更要有信心,才能把国家治理得好。每一个人都要对自己有信心,才能在做人处事上圆满。生活在世间,不只是要建立自己的信心,还要进一步地去建立他人的信心,那更是功德无量之事,有时候比去救一个人还重要。

有一个人很会下棋,就在正门挂了一个牌子"天下无敌手"!左宗棠带兵出战,看到"天下无敌手",就去跟他下棋,结果对方三盘皆输。左宗棠说:"牌子可以拿下来了吧!三盘都输,怎么可以叫'天下无敌手'呢?"

没多久,左宗棠打了胜仗回来,一看,嗯?怎么"天下无敌手"的牌子还在?就问他:"你的牌子怎么还挂在那里呢?"对方说:"请将军再来对弈一局如何?"结果左宗棠连输三盘,心中正纳闷,对方说:"将军前次即将出战,我不愿意杀您的锐气,所以输给您。现在您打胜仗回来,情况不一样了,所以我就不再手下留情了。"这位高人,明白什么时候该赢、什么时候该输。而且有时候输即是赢,赢即是输,他这才是真正的高明。

这就是为了给人信心,让你一下,可以让你凯旋而归。

有时候我们对家人、朋友、亲戚,要给他们一点信心。像现在的社会,自杀率不断攀升,很多人失业了,对自己失去了信心。如何重新燃起对自我的信心?人最好从小就要培养乐观的精神、积极的态度。其实,人生只要奋发、向上,世间并没有不能解决的问题。自杀的人认为"死"才能解决问题,其实人死了,问题并没有解决,他只是把问题留给别人,这是很缺德、很残忍的事。

人,有幸来到人间,便是一种学习的过程,任何人都要勇敢地面对自己的问题,才能彻底解决问题。所以,我们对于身心、情绪,都要学习处理,再怎么难堪的事情,别人对我不好,甚至骂我,我都存着感谢的心,"感谢你,替我消灾,给我忏悔的机会"。人只要懂得一个"转"字诀,将黑暗的想法转为光明,这便是生命的真义。在佛教的看法,人,也唯有认识了烦恼之后,才能将之转为菩提智慧,转过来以后,人生的境界就会海阔天空。

现在台湾各地都有念佛共修会,怎么样念出力量来?甚至如何让身心调和?这是要靠自己,不要光靠别人来安慰我。别人的安慰只是一时的,只能一次,他不能天天来安慰我、时时来安慰我!所以一定要靠自己有力量,将自己的心,念成像佛菩萨一样光明慈悲的心,这种境界是谁也抢不走的。

如何让自己有力量?像是读好书,充实自我的知识、涵养,增加欢喜、乐观的心情,看得开、放得下、能忍耐、知惭愧、懂感恩,有很多很好的方法,都能帮助我们增加力量。

有一个关于"力量"的例子。一位老和尚教人念佛,他解释念佛怎么好、怎么好,又怎么样的能开发自我的力量。有一个年轻人听得不耐烦,对老和尚说:"念佛、念佛,念什么佛啊?'阿弥陀佛'只有四个字,哪有那么多的好处?又哪有那么大的力量?"老和尚心里想,对这个人讲理,等于对牛弹琴,说理不容易懂啊!他也很机智,就对着年轻人说:"你在讲什么啊?混蛋!"年轻人一听,马上卷起袖子,一副要打架的样子,对着老和尚怒气冲冲地说:"怎么?出家人还骂人啊?"

老法师这时候,心平气和地说:"你看!'混蛋'才两个字,就有这么大的力量,'阿弥陀佛'有四个字啊!怎么会没有力量呢?"年轻人一听,也觉得很有道理。

一个人的力量,不一定要从外面来,也可以从自己的内心开发出智慧力、忍耐力、精进力、禅定力。佛教有六种方法,就像飞机可以飞越陆地与海洋那样,可以超越许多障碍。第一是布施,带来广结善缘的力量,同时可以超越悭贪的障碍。第二是持戒,带来规范自我的力量,同时可以超越身心不自在的障碍。第三是忍辱,带来广大和平的力量,同时可以超越瞋怒的障碍。第四是精进,带来快速进步的力量,同时可以超越懈怠的障碍。第五是禅定,带来身心安住的力量,同时可以超越散乱。第六是智慧,带来明辨是非善恶的力量,同时可以超越无明愚痴的障碍。智慧的双眼打开了,有了正见与光明的目标方向,对于工作与身心的和谐,不只能够调适到最中道的标准,当然也就不用再去依靠别人的安慰了。

在禅宗里面,有一句话说:"平时一样窗前月,才有梅花便不同",佛法用得恰到好处,就像是"梅花的香味"一样,整个的人生,格调都提升了。所以说,"有佛法就有办法",主要就是让我们自己心中有一股力量,信仰的力量、智慧的力量、禅定的力量……当你学会了佛法里面的"十八般武艺",自然就有本事走遍天下了。

最后,祝福大家生活健康如意。

2003年11月28日讲于中华航空公司